LA VOIX DES ARBRES

Titre original : *To Speak for the Trees*

Cet ouvrage a été publié avec l'aimable collaboration de Stuart Bernstein, États-Unis d'Amérique, et de La Nouvelle Agence, Paris.

DIANA BERESFORD-KROEGER

LA VOIX DES ARBRES

UNE VIE AU SERVICE DES ARBRES, DU SAVOIR DES DRUIDES AUX PLUS RÉCENTES DÉCOUVERTES DE LA BOTANIQUE

Traduit de l'anglais par Florence Bury

Tana
éditions

Pour mes ancêtres au château de Ross, à Killarney, à Lackavane et dans la vallée de Lisheens. Vous m'avez fait le plus beau des cadeaux, celui de l'esprit.

Brehon

La campagne de l'Éire
S'endormit jadis en poésie.
Fadó.
Fadó.
La terre murmure.
Doux champs de rêves qui oscillent lentement
Pleins de lièvres et d'herbes hautes,
De montagnes couvertes de bruyère pourpre,
De renards enfiévrés par les éclats des genêts
Les mots de la forêt,
Trempés de pluie,
Entre le ciel du roi caille
Et la queue des poissons
Qui bat la mer et l'aspire.
Le joug de la lune protégera les Lois de la Liberté
Arís agus aris,
Et nous guidera droit vers
Brehon.

Introduction

J'ai toujours eu du mal à me retourner sur ma vie, et plus encore à la raconter. Enfant, j'ai souffert de graves traumatismes. Pour me protéger, j'ai enfoui ma douleur au plus profond de mon esprit. Je l'ai fait taire pour pouvoir avancer. Durant toute ma formation scientifique et mes années de recherche, j'ai regardé droit devant, constamment en quête de nouvelles questions, de nouvelles réponses, de nouvelles pépites de savoir.

Mais je ne serais pas celle que je suis aujourd'hui sans ces traumatismes qui ont mené une gamine de treize ans vers l'un des derniers bastions de la culture celtique en Irlande, la vallée de Lisheens, dans le comté de Cork. Moi qui tenais à peine debout, je suis arrivée alors que Lisheens même se délitait. L'antique savoir des druides et les lois séculaires des *brehons,* préservés, affinés et transmis de génération en génération depuis des millénaires, étaient sur le point de se perdre. Ils m'ont été donnés, et cette compréhension des pouvoirs curatifs des plantes et du caractère sacré de la nature demeure le plus grand cadeau que j'ai jamais reçu.

En échange, on ne m'a demandé qu'une chose : ne pas le garder pour moi. Bien que j'aie librement partagé mes idées et mes découvertes au cours de mes cinquante ans de carrière dans les sciences, j'ai toujours refoulé des pans de ma propre histoire.

Mais nous vivons aujourd'hui une époque particulière. D'un côté, le changement climatique représente la plus grande menace pour la planète dans l'histoire de l'humanité. De l'autre, nous sommes mieux équipés que jamais pour affronter ce défi. Pour ce faire, toutefois, nous devons comprendre le monde naturel comme c'était le cas jadis. Nous devons ouvrir les yeux sur ce que la forêt, cette cathédrale sacrée, nous offre, et accepter qu'un moyen de sauver notre monde réside là.

Nous sommes tous issus de la forêt. Comme les arbres, nous détenons une mémoire génétique du passé, car ils sont les parents de notre enfant intérieur. Nous sentons cette histoire partagée prendre vie chaque fois que nous pénétrons dans un bois, où la majesté de la nature nous appelle d'une voix qui dépasse l'imagination. Mais, même chez ceux d'entre nous qui n'ont pas croisé d'arbres depuis des mois, voire des années, le lien avec le monde naturel est là, dans leur mémoire.

En vous contant ma vie, avec les feuilles, les racines, les troncs, l'écorce et les branches qui s'y mêlent, j'espère réveiller ce souvenir. Je veux vous rappeler que la forêt est bien plus qu'une source de bois. Elle est notre armoire à pharmacie commune. Nos poumons. Le système qui régule notre climat et nos océans. Le manteau de notre planète. La santé et le bien-être de nos enfants et de nos petits-enfants. Notre foyer sacré. Notre salut.

Les arbres nous offrent la solution à presque tous les problèmes auxquels l'humanité est confrontée aujourd'hui, de la résistance aux antibiotiques à l'augmentation des températures moyennes, et ils n'ont qu'une envie : partager ces réponses. Ils le font même quand nous y restons sourds. Nous savions autrefois les écouter. C'est une compétence que nous devons retrouver.

PREMIÈRE PARTIE

1

La pierre de chagrin

Ma pierre de chagrin se dressait sur la plus haute colline de la vallée, où elle pointait vers le ciel bleu. Elle culminait au-dessus de ma tête, énorme pavé à l'exception de son sommet incurvé, dont des éclats s'étaient détachés il y a bien longtemps. La surface en était creusée de rides âpres interrompues par des croûtes bombées de lichen. La pierre faisait facilement deux fois la taille de la grande table en bois massif qui trônait dans la cuisine de la ferme : de par sa masse, les changements qui l'affectaient s'inscrivaient dans une temporalité bien trop longue pour que je la perçoive, ce qui lui conférait une stabilité bienvenue.

Je l'appelais ma pierre de chagrin, parce que je gravissais la colline pour m'asseoir près d'elle quand je me sentais particulièrement seule. Je n'ai jamais vraiment pleuré. Je n'avais plus de larmes. Ou je les refoulais sans m'en rendre compte. Je m'installais au pied de la pierre et m'adossais à son flanc robuste, prête à la contourner pour me cacher si on m'appelait d'en bas — une stratégie rassurante, même si personne n'a jamais appelé.

Assise là, je sentais le pouls de la terre diffuser sa sérénité jusque dans mes os. Plus bas, je voyais la ferme, ses volutes de fumée et, au-delà, les champs de ma grand-tante, qui portaient tous un nom gaélique, comme une vieille chanson. Des deux côtés de la vallée, les fermes voisines formaient un patchwork qui brillait d'un éclat vert incendiaire. Je regardais les oiseaux de mer écarter le voile de fléoles des pâturages et je distinguais parfois l'Owvane (et ses saumons), une rivière au cœur de la vallée, qui s'écoulait vers l'ouest et les bras grands ouverts de la baie de Bantry. En me tournant vers le nord, j'admirais la formidable silhouette endormie des montagnes de Caha et les couleurs qui dansaient sur leurs flancs pataudes. *Cnoc Buí,* la « colline jaune », électrisée par ses fleurs, semblait vibrer du ton des ajoncs. Parfois, en contemplant la mer bleu turquoise, je me demandais ce qu'étaient les éclairs de bronze qui allaient et venaient dans une symphonie de couleurs muette. Depuis mon point d'observation, je dominais le paysage qui avait nourri la famille de ma mère, corps et âme, pendant les trois derniers millénaires. La lumière qui jouait avec les nuages, le vent salé et la pluie m'apaisaient.

Un beau jour d'été, j'étais montée jusqu'à la pierre en pensant à mon père. J'étais orpheline depuis peu, ayant perdu mes deux parents. Presque toute mon enfance, j'avais été seule — d'abord séparée de la plupart de ceux qui m'entouraient par la nationalité, la religion et la classe —, et j'avais appris à faire avec, mais la mort de mes parents m'a porté un coup dont je n'étais pas certaine de me remettre. De longs mois étaient passés, et je me sentais toujours hébétée. J'étais désorientée par la nouveauté quotidienne de leur absence, comme si le ciel et la terre m'avaient soudain fait défaut. Mon cœur portait constamment le deuil de mon père, un chagrin si violent qu'il me coupait le souffle par moments. J'avais perdu une part vitale de moi-même qui ne reviendrait jamais, car la mort avait fermé la porte. J'aurais voulu n'être plus qu'un point, un point minuscule. Peut-être que si je retenais ma respiration je disparaîtrais complètement.

Je me repliais sur moi-même au pied de la pierre, pour survivre. La vue de la vallée en contrebas me donnait à la fois un sentiment de sécurité et l'impression de n'être qu'un tout petit point, comme les vaches blanc et noir qui avançaient lentement dans les prés, les pis ballants. Elles étaient heureuses. Je devais l'être aussi. À mesure que je me calmais, j'ai pu faire le point sur ma vie.

Du côté de mon père, je descendais de l'aristocratie anglaise, feuille la plus frêle de l'arbre généalogique de la famille Beresford, qui comptait des brassées de lords, de marquises et de comtes. Du côté de ma mère, j'étais aussi irlandaise que la bruyère devant moi, dernière représentante d'une lignée qui remontait aux rois du Munster. Ce double héritage avait inspiré un certain nombre de rancœurs, dont les conséquences m'ont poursuivie toute ma vie. En tant que fille chez les Beresford, je me heurtais au droit d'aînesse. Je ne pouvais rien hériter du domaine de mon père qui ait quelque valeur en dehors de mon sang et de mon nom. J'étais le produit d'un croisement, trop irlandaise pour les Anglais et trop anglaise pour les Irlandais. Ce qui me sauvait aux yeux des Irlandais, c'est que j'étais une fille, et donc plus importante qu'un garçon.

La perspective que la famille de mon père continue de m'ignorer, comme elle l'avait fait depuis sa mort, me paniquait, mais cela finit par passer tandis que je contemplais les pâtures de la vallée de Lisheens, cette poignée de kilomètres carrés d'Irlande rurale où je passerais les dix étés suivants. Je n'avais encore aucune idée de l'espoir qui s'ouvrait devant moi ni de la manière dont cette terre et ses habitants me guideraient et me façonneraient. J'ignorais que la plus vieille génération de ma famille maternelle s'était déjà réunie à Pearson's Bridge pour discuter de mon sort. J'ignorais que ces femmes avaient déjà décidé de me faire cadeau de leur savoir ancestral, ce secret qui n'en était pas un, et qu'il me sauverait la vie. Ou qu'elles voulaient faire de moi leur « enfant de la destinée ». Tout ce que je savais, adossée à ma pierre de chagrin, c'est que j'étais invisible, brisée par trop de deuils et parfaitement seule.

Mes parents, Eileen O'Donoghue et John Lisle de la Poer Beresford, s'étaient rencontrés en Angleterre, sans doute à Londres, pendant la Seconde Guerre mondiale. Enfant, j'aimais découvrir le passé amoureux de tous ceux qui m'entouraient, mais je n'ai jamais eu l'occasion d'interroger mes parents sur leur histoire. Je connaissais bien quelques détails. Je savais en particulier qu'il était difficile de résister à ma mère en robe du soir et longs gants de soie argentée, parée de semence de perles et de saphirs. Un jour, quand j'étais petite, on m'a amenée la voir glisser sur la piste de danse au cours d'un bal privé. Chacun s'effaçait devant son élégance et sa beauté. Il n'est pas difficile de comprendre qu'un homme ait pu succomber au charme d'une femme telle que ma mère.

Jack, mon père, a connu tout ce qu'il y avait de mieux. C'était un ancien d'Eton, présenté à la Cour, et le fils de lord William Beresford. Il était parent avec les Churchill, les Spencer et toute la haute société anglaise. Il menait une vie ambitieuse emblématique du début du vingtième siècle, qui à elle seule aurait piqué l'intérêt des femmes, mais c'était aussi un homme charmant et cultivé. Même la famille de ma mère à Lisheens l'évoquait avec une admiration et une tendresse réticentes, malgré sa position au sein de l'élite anglo-irlandaise protestante. C'était un linguiste qui parlait couramment treize langues, dont trois dialectes arabes, et qui enseignait à Cambridge. Il était grand et arborait un monocle, ce qui paraît ridicule aujourd'hui ; pourtant, ça lui allait bien, je crois.

Le teint pâle de ma mère conférait à son visage douceur et délicatesse, mais elle était pleine d'énergie et d'audace, cultivée et extravertie, capable de s'imposer quand elle le voulait. C'était aussi une cavalière accomplie ; enfant, elle allait chaque jour à l'école à cheval. Elle avait un côté sauvage et un don avec les animaux, notamment les chevaux et autres équidés, deux qualités que reflète mon anecdote préférée la concernant : petite, elle a un jour réussi à mettre un âne sur le toit de son école. Personne n'a compris comment elle s'y était prise, et elle ne l'a jamais révélé.

Ses parents sont morts avant qu'elle n'épouse un aristocrate anglais mais, comme le reste de sa famille, ils y auraient vu un acte de désobéissance et de provocation. La famille de mon père, par contraste, a préféré la traiter par le mépris.

Bien que nous ayons passé mes premières années à Bedford, en Angleterre, je suis née à Islington, un district du grand Londres, à l'été 1944. Mon premier souvenir concerne l'allaitement. Je me rappelle le mamelon de ma mère contre mon palais et l'extase immédiate qui s'ensuivait, avant que je ne m'endorme. Je me suis longtemps raccrochée à cette évocation, peut-être à cause du plaisir simple et de la satisfaction ressentis, mais sans doute plutôt parce que les moments de véritable complicité avec ma mère étaient rares.

Quand j'avais deux ou trois ans, mes parents ont commencé à se rendre régulièrement en Irlande, me traînant derrière eux comme une valise. Voyager à travers le monde et passer l'été à la campagne, c'était ce qui se faisait dans leur classe sociale. Malgré leur mariage interculturel tabou et la veine rebelle de ma mère, mes parents ont globalement fait ce qu'on attendait d'eux. Ma mère n'a toutefois jamais cédé sur un point : en dépit de la volonté très anglaise de mon très anglais de père, elle s'est obstinée à m'emmener année après année sur nos terres ancestrales, en Irlande.

Nous allions toutes les deux en voiture jusqu'à la frontière entre le comté de Kerry et le comté de Cork, où nous ralentissions respectueusement avant de nous engager sur la route étroite menant au col de Keimaneigh. Au sommet, les montagnes se touchaient presque au-dessus de nos têtes. Là, ma mère s'arrêtait et nous sortions de la voiture pour admirer les rochers qui semblaient retenus par une corde de bruyère comme empourprée par l'effort. Par-dessus le bruit des ruisseaux jumeaux qui dégringolent la roche noire de chaque côté du col, ma mère me racontait la légende du prêtre qui s'était courageusement échappé par là à l'époque des Lois pénales. Ces lois, infligées aux Irlandais par l'occupant anglais pendant cinq cents ans, jusqu'en 1916, interdisaient entre autres choses à tout tenant de la « religion papiste » de diriger une école ou d'enseigner à des enfants. Non seulement ce prêtre enseignait aux enfants du coin, mais il le faisait en plein air dans une classe illégale, avec des guetteurs pour le prévenir du moindre problème. Menacé de prison (ou pire), il avait bondi d'un rocher à l'autre surplombant le col et réussi à s'échapper.

Après un arrêt à Gougane Barra pour méditer dans les cavernes où habitaient les moines, nous entrions calmement dans l'oratoire de Saint-Finbarr, qui se dressait sur sa propre île sacrée, puis nous partions au nord-ouest vers le Kerry et les terres familiales au château de Ross, sur les rives du loch Léin, le plus grand des trois lacs de Killarney. En descendant de voiture, ma mère allumait une cigarette, une Woodbine, avalait la fumée et en libérait une volute en se penchant pour lisser la jupe de son tailleur parisien. Évitant soigneusement les flaques, elle jaugeait le bâtiment du regard, comme une acquéreuse potentielle. Elle regardait le haut du château, ouvert aux éléments depuis que le toit avait été déposé du temps des Lois pénales afin de réduire les taxes, et la truie allongée contre un mur avec sa litière de porcelets roses couinant. Après avoir éteint sa cigarette et regagné la voiture, elle lançait une dernière réflexion : « Personne n'a encore réparé le toit. »

Ces pèlerinages étaient la preuve que ma mère ne renonçait pas tout à fait à son héritage irlandais, que les lieux ancestraux ne la laissaient pas indifférente et qu'elle estimait en quelque sorte devoir me permettre d'établir un lien avec notre passé. Presque partout ailleurs, elle rejetait la culture et les croyances de sa famille, jugées arriérées et superstitieuses. Elle voulait me voir devenir une femme séduisante et acceptable aux yeux des fréquentations de mon père, puis faire un bon mariage. En dehors de cela, elle s'attendait à ce que je me taise et que je ne prenne pas de place. C'est donc ce que j'ai fait.

Quand j'avais sept ans, mes parents se sont séparés après une violente dispute. Mon père est resté en Angleterre tandis que ma mère et moi avons emménagé dans une grande maison georgienne au numéro 5, Belgrave Place, à Cork, Irlande. On ne m'a donné aucune explication quant à ce changement ou à la soudaine absence de mon père ; nous avons simplement quitté sa présence. Ce manque de communication n'était pas le fait de mes seuls parents. À cette époque, en Grande-Bretagne, et tout particulièrement dans ces sphères sociales, les enfants étaient comme des appendices à qui l'on ne devait aucune sollicitude émotionnelle. Pourtant, la séparation brutale d'avec mon père m'a laissé une blessure profonde. C'était un homme réservé ; il ne m'a jamais dit qu'il m'aimait, mais il me le faisait sentir à sa façon. Il me dessinait et me peignait (un portrait de moi sur toile orne encore les murs de mon salon). Je me souviens de lui au piano quand j'étais toute petite. Il s'arrêtait de jouer, m'appelait gentiment et me hissait sur ses genoux, puis il me faisait poser les mains sur les siennes. Elles étaient trop petites pour suivre le mouvement de ses doigts, mais il voulait que je sente le rythme de la musique qu'il jouait. Je me souviens aussi qu'il me perchait sur ses chaussures — un de mes pieds sur chacun des siens — et dansait avec moi dans notre maison de Bedford.

À Belgrave Place, nous vivions avec un frère et une sœur de ma mère. Mon oncle Patrick était un ancien athlète en vue, connu en Irlande comme Rocky Donoghue, coureur de fond et joueur de *hurling*. Célibataire endurci, il était chimiste dans l'usine à gaz de la ville. Ma tante Biddy s'était cassé le dos très jeune, une blessure qui l'avait laissée handicapée. Elle séjournait souvent à l'hôpital, peut-être trois fois par an, et se déplaçait avec difficulté. Biddy était bonne envers moi. Elle me parlait avec chaleur et s'intéressait à moi. J'en suis venue à l'aimer férocement, et je m'occupais d'elle de mon mieux. Je me rappelle lui avoir lu *Jane Eyre,* encore et encore. L'oncle Pat paraissait indifférent ; il n'était ni cruel ni froid, parfois même prêt à discuter, mais centré sur ses propres affaires et peu à l'écoute des idées ou des besoins d'un enfant, ou de qui que ce soit chez lui, d'ailleurs. Maintenant qu'elle s'occupait seule de moi, ma mère ne cachait plus ses sentiments. « Tu es une plaie, me disait-elle, et je serais bien mieux sans toi. »

J'avais peu d'amis en dehors de la maison. Mon nom me désignait non seulement comme différente, mais potentiellement dangereuse. Les Beresford comptaient parmi les familles les plus puissantes d'Irlande. À l'école ou dans le quartier, si un enfant me faisait mal, m'insultait ou me contrariait accidentellement, je pouvais rapporter l'incident à un parent capable de ruiner sa famille tout entière. S'il répétait les idées politiques paternelles ou maternelles à portée de mes oreilles, rien ne garantissait que l'information ne remonte pas jusqu'à la famille Beresford. Dans l'ensemble, les habitants de Cork me laissaient tranquille.

La maison de Belgrave Place faisait partie d'une série de dix logements mitoyens dotés d'une grande cour commune, probablement construits dans les années 1700 pour loger des officiers anglais. Bien avant que nous ne nous y établissions, quelqu'un avait planté dans la cour un petit arboretum dont j'avais fait mon terrain de jeu. Dans la mesure où je n'avais pas d'autres compagnons, les arbres me semblaient accueillants, et ils étaient devenus mes amis. Je confiais à la garde du laurier-sauce géant ma poupée la plus précieuse, celle qui venait d'Amérique, avec ses boucles rousses, son visage de porcelaine et ses yeux bleus qui se fermaient quand je l'allongeais. C'est dans le tronc de cet arbre que je jouais à la maman, dans l'odeur du laurier, avec mon petit four en bois et toutes mes poupées moins aimées (en bas d'une hiérarchie fermement établie se trouvaient les poupées de chiffon). Comme ma pierre de chagrin, que je n'avais pas encore découverte, les arbres me réconfortaient par leur taille immense. Leur présence fidèle me paraissait bienveillante, et j'avais soif de comprendre leurs changements perpétuels. Les arbres peuplaient aussi mes rêves, et leurs ombres allongées transformaient l'apparence du mur de ma chambre.

Deux portes plus loin, au numéro 7, vivait un homme dont j'étais convaincue qu'il pouvait m'aider à connaître les arbres. Le docteur Barrett, un naturopathe aux lunettes cerclées de métal, n'avait pas d'enfants. Il vivait avec son épouse et sa sœur, toutes deux également pourvues de lunettes à monture métallique, un détail important dans mon esprit enfantin. Souvent, je me postais dans un buisson de lauriers en face de sa porte, masquée à la vue par le rideau de feuilles tachetées, et j'attendais que le docteur Barrett rentre chez lui. Je le rejoignais alors sur le seuil avec ma première question toute prête, et notre leçon se déroulait naturellement à partir de là.

À l'automne de cette première année après la dispute de mes parents s'est produit un événement fort curieux. Un arbre que j'avais repéré, incroyablement haut et fin, s'est couvert de minuscules fruits rouges ovoïdes, que je nommais pommes à défaut d'un meilleur terme pour les désigner. Je n'avais jamais vu d'arbre pareil : presque dix mètres de haut et une profusion de fruits colorés. L'idée qu'il devait s'agir d'un être rare et spécial occupait tout mon esprit. Cet arbre me parlait par son caractère inhabituel, et j'aspirais à entendre ce qu'il avait à dire. J'ai donc pris position dans mon buisson et, quand le docteur Barrett s'est arrêté sur le pas de sa porte, observant son domaine, je me suis approchée. « Ces pommes, on peut les manger ? », ai-je demandé. Il m'a répondu que oui, elles étaient comestibles, puis que ce trésor dans ma main s'appelait une cenelle, fruit d'une variété connue sous le nom d'aubépine de Douglas, *Crataegus douglasii.* J'ai mordu dedans et goûté une chair sucrée et acidulée, une découverte délicieuse qui n'appartenait qu'à moi.

À partir de là, l'arboretum est devenu plus qu'un espace de camaraderie et de jeu, il est devenu lieu de révélations et d'expériences. Le docteur Barrett m'ayant expliqué que les feuilles d'une autre aubépine — la variété commune que je connaissais déjà sous son nom latin, *Crataegus monogyna* — étaient à la fois comestibles et bonnes pour la santé, j'ai grimpé le plus haut possible dans l'arbre malgré ses épines pour goûter ses feuilles. On aurait dit de la salade.

Une autre fois, alors que je tournais autour du laurier-sauce, j'ai marché sur l'une de ses petites graines noires. L'enveloppe externe de la graine (son tégument) s'est fendue sous mon pied, libérant une fragrance incroyable. J'ai ramassé la graine et, du bout de l'ongle, je l'ai dépouillée du tégument pour révéler quelque chose de blanc et luisant. L'odeur s'est intensifiée, parfaitement identique à celle de l'arbre lui-même, en plus concentrée. J'avais peine à croire que cette graine puisse renfermer une version aussi puissante de l'odeur de l'arbre. Ce miracle est encore limpide dans mon esprit : à la fois le sentiment d'avoir découvert un lien entre la graine et l'arbre, et l'émerveillement face à son existence.

À ma demande, le docteur Barrett m'apprenait aussi le nom latin de toutes les espèces que nous croisions. Ces informations en elles-mêmes étaient une récompense suffisante, mais le docteur Barrett sortait un sac de dattes enrobées de chocolat et m'en proposait une chaque fois que je retenais un élément nouveau. C'était un homme très gentil.

Plus tard, à l'automne, j'ai commencé l'école. Ma maîtresse était la directrice, miss Barrett, une femme ossue et rougeaude. Elle n'était pas parente avec le naturopathe, mais son nom me la rendait familière et rassurante. Quand miss Barrett m'a interrogée sur mes vacances d'été, je lui ai récité avec une éloquence précoce le nom latin de tous les arbres visibles depuis la fenêtre de la classe. Je ne me rappelle pas sa réaction sur le coup, mais je sais qu'elle a ensuite envoyé un courrier à ma mère.

Le samedi après-midi suivant, ma mère m'a traînée jusqu'à la porte de la petite maison de miss Barrett. Sa façon d'y frapper trahissait la colère que lui inspirait cette affaire, et qu'on m'avait déjà bien fait sentir. À l'intérieur nous attendaient, sur une table basse, trois tasses à thé ainsi que des gâteaux secs. Nous avons pris place, moi figée de peur, ma mère tendue et furieuse. Miss Barrett a versé le thé et raconté l'épisode des noms latins, chose qu'elle avait peut-être déjà faite dans son courrier. Lorsqu'elle a dit qu'elle voyait en moi une élève brillante, ma mère s'est raidie au point que je l'ai cru sur le point de tomber en morceaux. Elle a hoché la tête pendant tout le reste de l'entretien et m'a ramenée à la maison dans un silence effrayant. Nous étions à peine rentrées qu'elle me sermonnait pour avoir attiré l'attention sur moi. Une femme intelligente ne ferait jamais un bon mariage, disait-elle, alors qu'elle était elle-même très instruite. Les hommes voulaient une maîtresse de maison, capable de gérer le foyer et les domestiques, et non de leur clouer le bec. Je devais me taire et éviter toute nouvelle scène susceptible de l'embarrasser. Tout au long de sa tirade, je suis restée à l'abri derrière le canapé. Quand elle a terminé, je me suis contentée d'acquiescer. Nous n'en avons jamais reparlé.

Au bout de deux ans de séparation, ma mère a décidé de rentrer en Angleterre, et nous avons vécu avec mon père à Londres, assez longtemps pour que je sois confirmée à l'oratoire de Brompton, dans le quartier de Knightsbridge. À l'approche de mes douze ans, ma mère est retournée en Irlande avec moi dans ses bagages. J'ai alors continué à faire de mon mieux pour éviter d'attirer l'attention, tant à l'école qu'à la maison, et trouvé un mode de vie qui me satisfaisait sans irriter personne. Cet état de camouflage est devenu mon mode d'existence par défaut.

Dans l'année qui a suivi, ce qui me retenait encore à la terre s'est distendu, et je suis devenue orpheline.

2

Le coffret de peinture

Quand j'avais huit ans, ma mère m'a offert un coffret de peinture. C'est le seul cadeau que je me rappelle avoir reçu de sa part. Elle m'avait découverte en train de dessiner à la craie de couleur sous le plateau de la table dans la salle à manger. Je passais mon temps à griffonner sur des feuilles volantes, voire sur le journal. Terrifiée, je l'ai regardée examiner mon œuvre, puis me fixer sans rien dire. Le lendemain, elle est allée en ville m'acheter un beau coffret d'aquarelles Winsor & Newton.

J'adorais ce coffret, pour lequel j'ai délaissé jusqu'à mes poupées. Long et fin, il était doté d'un couvercle jaune qui se dépliait pour faire office de palette. Un pinceau était inclus dans la boîte, mais ma mère en avait ajouté plusieurs. L'un des plus gros, en poil de chameau, est vite devenu mon préféré, parce que les poils caramel paraissaient vivants sous mes doigts.

Je me souviens qu'un jour, à douze ans, je peignais des fleurs dehors avec mes aquarelles. Ayant besoin d'eau propre, je suis rentrée dans la maison, mon pot de confiture plein d'eau sale et de pinceaux en main. Concentrée sur ma tâche, je n'ai pas tout de suite remarqué ma mère.

Celle-ci, le bras sur le manteau de la cheminée, tenait une cigarette dont la fumée disparaissait dans le conduit. Elle lisait ce qui ressemblait à un courrier officiel, les yeux passant de ligne en ligne. Soudain, elle a poussé comme un cri triomphal : « Jack ! » Je me suis arrêtée net.

« Ce salaud de Jack est mort », a-t-elle rugi en riant comme si elle venait de gagner la partie. Je l'ai pris comme elle l'avait dit : *mon père est mort.* Je suis partie dans la cuisine, où j'ai lavé mon pinceau en poil de chameau avec toute la tendresse dont j'étais capable, comme si ces poils si doux étaient les cheveux de mon père. Je n'ai jamais su comment il était mort, et je ne l'ai jamais revu.

J'ai fait une chute à vélo le jour de l'accident de voiture qui a tué ma mère, quelques mois plus tard. Je me suis violemment cogné la tête et j'ai souffert d'une commotion cérébrale. Quand un voisin m'a trouvée, je ne savais pas très bien où j'étais, et il m'a ramenée chez moi. Ma mère était sortie. On m'a dit qu'elle avait été prévenue et qu'elle arriverait bientôt. J'ai attendu, mais elle n'est jamais venue. Le soir approchant, j'ai guetté le bruit de ses talons dans l'entrée jusqu'à ce que je m'endorme.

On m'a réveillée juste avant l'aube, alors que de timides rais de lumière filtraient à travers les rideaux. Un chauffeur nommé Johnny Hayes était venu me chercher. Je connaissais Johnny, qui m'avait déjà conduite par le passé, mais il refusait cette fois de me dire où et pourquoi il m'emmenait ainsi en hâte. Les rues étaient désertes, et la voiture allait plus vite que n'importe laquelle de celles que j'avais déjà prises, bien au-delà de la vitesse autorisée. Par les vitres du côté gauche, je voyais le soleil levant teinter les nuages d'un doux rose. Le menton dans la main, j'ai regardé le ciel s'embraser. *Ta mère est morte,* semblaient répéter les nuages.

Quand la voiture s'est arrêtée à l'hôpital général de Mallow, Johnny n'a pas eu le temps d'ôter ses gants que je bondissais déjà par la portière. Je suis entrée en courant, j'ai dépassé les urgences pour pénétrer dans l'aile gauche, suivant un pressentiment qui me guidait vers ma mère. J'ai poursuivi ma course le long d'un couloir étroit, à gauche duquel s'ouvraient des salles, et j'ai fini dans une pièce sombre occupée par un unique lit. Avançant jusqu'aux barreaux du lit, j'ai vu ma mère. Chacun de ses membres et même son cou étaient attachés au cadre par des pans de tissu. Un drap blanc propre la couvrait jusqu'au menton. Ses liens étaient tachés, comme s'ils avaient déjà servi. Le contraste entre eux et le drap éclatant m'horrifiait, tout comme sa peau, couleur de craie. En la regardant, j'ai su sans l'ombre d'un doute qu'elle s'était vidée de son sang.

Je me suis penchée pour embrasser sa joue froide. Pour la toucher, la sentir, retenir quelque chose qui m'échappait pour toujours. Quand j'ai relevé la tête, le chef de service entrait en trombe dans la chambre, suivi par l'infirmière en chef et plusieurs infirmières, tous criant à qui mieux mieux : « Qui a laissé cette enfant entrer et voir sa mère dans cet état ? C'est monstrueux ! »

Je ne me rappelle pas de quelle façon on m'a fait sortir, je ne me rappelle pas le trajet de retour avec Johnny Hayes, mais je sais que j'aurais désespérément voulu voir mon père, lui aussi parti pour de bon.

Dans la foulée de l'accident, j'ai été mise sous tutelle judiciaire et j'ai comparu devant un juge à Cork dont le rôle consistait à décider, selon ses propres termes, quoi faire de moi. Le sort typiquement réservé aux membres de ma nouvelle classe, celle des malheureux orphelins, du moins d'après l'Église catholique, était l'enfermement dans une des blanchisseries Madeleine, des prisons abominables conçues à l'origine pour « héberger » des prostituées et des mères célibataires et qui, des décennies plus tard, ont été dénoncées comme des foyers cauchemardesques de sévices et de mort. La décision de m'envoyer à la blanchisserie locale de Sunday's Well aurait dû être simple. Mon cas, toutefois, ne l'était pas.

Vêtue de mon uniforme scolaire vert et gris, je suis entrée dans le cabinet du juge. Derrière son immense bureau de bois sombre, il a passé les minutes qui ont suivi à s'inquiéter à haute voix de ce qui lui arriverait s'il expédiait une Beresford aux blanchisseries. Il a fini par m'annoncer que mon oncle Pat avait proposé de s'occuper de moi jusqu'à mes vingt et un ans. Accepterais-je de vivre avec Patrick O'Donoghue à Belgrave Place ? J'ai répondu par l'affirmative, ce qui m'a valu un sourire soulagé de sa part.

Cette décision n'a toutefois pas totalement éliminé la menace des blanchisseries. Ma liberté dépendait de mon respect d'une poignée de conditions posées par le juge lors de ce premier entretien : je devais me présenter au tribunal tous les trois mois afin qu'on vérifie que je ne m'écartais pas du droit chemin. Mes besoins matériels — essentiellement les fonds destinés à me scolariser et à m'habiller — seraient prélevés par les tribunaux sur mon héritage. On m'imposait également un couvre-feu à vingt-deux heures. Toute infraction à ces conditions — de même, j'imagine, que toute lassitude de la part de mon oncle — aurait pour résultat mon entrée à Sunday's Well.

Il s'agissait d'une perspective terrifiante, mais j'avais des soucis plus immédiats. Devenir orpheline ne m'avait pas rendue plus intéressante aux yeux de l'oncle Pat. Il avait pris ses responsabilités envers moi devant les tribunaux, et je lui en étais reconnaissante, mais cela ne voulait pas dire qu'il était réellement prêt à s'occuper de moi. Il n'avait pas changé ses habitudes en devenant mon tuteur légal, et ne pensait pas du tout à moi. Peut-être parce que ma mère m'avait conditionnée à me rendre quasi invisible, les adultes n'avaient aucune difficulté à faire comme si je n'existais pas. La maison de Belgrave Place avait ainsi vu plus de gens défiler avant, pendant et après les funérailles que depuis des années, mais aucun d'eux n'avait songé à me demander comment j'allais. La tante Biddy, sur la gentillesse et la compassion de qui j'avais toujours pu compter, était hospitalisée à cette époque pour un cancer du pancréas ; elle mourrait deux ans plus tard. Je me suis simplement recroquevillée dans un coin du salon, et j'y suis restée sans que personne ne songe seulement à me nourrir.

J'ignore depuis combien de temps je n'avais pas mangé, mais je sais que les funérailles étaient passées, donc sans doute plusieurs jours. Une amie de ma mère, Bridie Hayes, est passée à la maison. En entrant dans la cuisine, elle a demandé aux adultes rassemblés où je me trouvais. Personne n'a répondu. Elle m'a cherchée, m'a découverte dans mon coin et s'est précipitée auprès de moi.

« Personne n'a donc pensé à cette enfant ? a-t-elle demandé en se retournant pour les fusiller du regard. Qui l'a nourrie ? » Ses questions ont été accueillies par un silence (j'ai même cru déceler une certaine honte). Alors que les autres adultes restaient figés, Bridie s'est employée à me préparer des œufs brouillés. Je n'avais rien mangé depuis le jour de l'accident et, oh mon Dieu, je n'ai jamais rien mangé de meilleur depuis, pas même dans les restaurants les plus cotés. J'avais tellement faim et soif ! Tandis que je mangeais, Bridie les tançait durement entre deux œillades assassines et leur répétait qu'ils devraient avoir honte de m'avoir ignorée. Une fois mon repas terminé, malheureusement, Bridie est repartie et tout le monde a recommencé à me négliger.

Quelque temps plus tard, j'étais seule et affamée dans la cuisine. Je me rappelle avoir trouvé une miche de la boulangerie Thompson dans le placard à pain, une boule dont la croûte était barrée d'une croix sur le dessus pour l'empêcher de se fendre en levant. Je mourais de faim, alors j'ai percé la croûte sur le côté et j'ai glissé ma petite main dans le trou. Petit à petit, j'ai extrait toute la mie tendre, vidant la miche sans toucher à la croûte. L'oncle Pat ne m'a jamais fait de remarque à ce sujet. Pourtant, il a sûrement découvert cette coquille vide dans le placard.

Je ne sais pas très bien quand ni où l'oncle Pat mangeait — trop tôt pour le petit déjeuner, trop tard pour le dîner — mais, durant nos premiers mois de cohabitation, je ne me rappelle pas avoir partagé un seul repas avec lui à la maison. Le manque de nourriture à disposition, associé au chagrin, n'était pas sans conséquences physiques, à l'évidence. Le dimanche (j'ai l'impression que ça tombait toujours un dimanche), je m'effondrais souvent, évanouie sous l'effet de la malnutrition, et on me découvrait gisant à terre. J'étais si faible que j'attrapais des angines tous les quinze jours. Je dépérissais à vue d'œil — si quelqu'un avait daigné poser les yeux sur moi —, mais personne ne faisait rien pour m'aider. Je suis devenue maigre comme un clou.

J'allais à l'école et je voyais aussi régulièrement mon avocat, divers clercs du tribunal et autres fonctionnaires. Manifestement, aucun d'eux n'a fait l'effort de remarquer le problème. C'est toutefois la négligence de l'oncle Pat qui me paraît la plus difficile à comprendre, surtout tel que j'en viendrais à le connaître et à l'aimer les années suivantes. Ma mère disait toujours que son frère avait la tête dans les nuages et ne comprenait rien au fonctionnement d'une famille. De là à ne pas se rendre compte qu'il fallait nourrir une enfant confiée à ses soins ? Voilà qui demeure un mystère à mes yeux.

Le désespoir a fini par me pousser à agir et à innover. Après avoir découvert dans la maison un livre de cuisine française relié en toile, j'ai décidé de me faire à manger toute seule. J'ai questionné l'oncle Pat à propos du livre de cuisine — il était toujours prêt à parler de livres —, et il m'a raconté qu'il appartenait à mon père et que sa présence était liée au fait que celui-ci possédait un vignoble dans le Bordelais (j'ai compris plus tard qu'il m'expliquait par là pourquoi l'ouvrage était rédigé en français). J'avais suffisamment vu d'autres gens cuisiner à ce stade pour concevoir un plan très simple. J'ai sorti une casserole et quatre pommes de terre, que j'ai lavées. Je les ai mises dans la casserole, recouvertes d'eau, et j'ai posé le tout sur la gazinière. Je pensais que le livre de cuisine me fournirait l'information cruciale qui me manquait : combien de temps faut-il faire bouillir les pommes de terre ? Cela se mesurait-il en secondes, en minutes ou en heures ? J'ai tourné les pages pour le découvrir.

Le livre, en fin de compte, ne semblait pas contenir d'indications concernant les pommes de terre à l'eau. J'ai donc décidé d'apprécier par moi-même la durée de la cuisson. J'ai fait bouillir l'eau dans la casserole et, armée d'une fourchette, j'ai piqué les pommes de terre à intervalles réguliers pour voir si elles ramollissaient. Au début, elles étaient dures comme la pierre et rebondissaient dans l'eau bouillante. J'ai répété l'opération sans me lasser, toujours avec le même résultat. Je commençais à douter : j'avais peut-être sauté une étape cruciale. Mais je me suis obstinée et, dans un élan de confiance inconscient, j'ai refermé le livre et l'ai replacé sur son étagère. Quelques minutes plus tard, je parvenais à percer la peau des pommes de terre et, peu après, à en traverser la chair. J'avais réussi.

J'ai éteint le gaz, vidé l'eau sans trop me brûler et déposé les pommes de terre chaudes sur une assiette froide. Leur peau se craquelait et me souriait. J'ai brandi ma fourchette en signe de victoire. « Enfin ! », ai-je marmonné, la bouche pleine, avant de dévorer mes quatre tubercules. Peut-être, maintenant que j'étais une cuisinière autodidacte, allais-je enfin pouvoir survivre à mon état d'orpheline…

3

La vallée

À chaque été passé en Irlande, on m'avait envoyée à Lisheens. L'oncle Pat ne voyant pas de raison d'y déroger, on m'emmena à la gare routière dès le premier jour des vacances et on me confia aux bons soins de Michael Murphy, un conducteur de car loquace, pour le trajet de deux heures vers la vallée. Notre destination, Ballylickey, était un petit village situé sur l'embouchure de la rivière Owvane, dans la baie de Bantry. Je descendis les marches, passai la porte du car et fus accueillie par un autre Patrick, un cousin de ma mère, celui-ci, que tout le monde appelait Pat Lisheens.

Pat avait la quarantaine, c'était un bel homme de tempérament optimiste, à l'esprit vif, doté d'un certain bagou et de grandes mains de fermier au bout de poignets épais. Comme chaque année, il m'attendait sur le siège conducteur de sa carriole, les rênes posées sur le genou. J'ai grimpé à bord avec son aide, puis il nous a fait parcourir, à ma valise et à moi, les quelques kilomètres magiques entre Ballylickey et la ferme de Lisheens. La queue du cheval se balançait gracieusement devant nous, répandant son odeur animale et celle de la paille fraîche, qui se mêlaient à l'arôme du chèvrefeuille des bois. J'adore les chevaux, et me trouver près de l'un d'eux m'a toujours rendue heureuse. Perchée sur la carriole et transportée dans l'air frais de la campagne par une si belle créature, je me prenais brièvement pour la reine des fées regagnant son château dans la brume des montagnes.

Une église catholique à Kealkill, à cinq kilomètres de là, faisait office de lieu de rassemblement. L'infirmière hygiéniste, madame Creedon, avait un bureau non loin, plein de chaises en bois dépareillées, qui servait de salle d'examen. À part ça, il n'y avait pas de « ville » à proprement parler à Lisheens, juste des fermes familiales et les petites maisons des ouvriers agricoles des deux côtés de la rivière. Un millier de gens vivaient dans le secteur, et j'étais parente avec tous à un degré ou à un autre, en général assez éloigné. Pat vivait avec sa mère, ma grand-tante Nellie, sur une ferme de dix-huit hectares assez haut dans la vallée qui faisait partie des biens fonciers de notre famille depuis des siècles. Sa sœur Mary, très instruite, travaillait en Angleterre et n'était pas souvent là, ce qui m'allait très bien car j'avais l'impression qu'elle ne m'aimait pas beaucoup, du moins au début. Le mari de Nellie, mon grand-oncle Willie, était mort quand j'étais petite, de sorte que Pat travaillait la terre seul, même si je l'aidais en été et qu'il pouvait compter sur les voisins pour donner un coup de main en cas de besoin. Nellie s'occupait des animaux — cochons, moutons, poulets et vaches. Pat et elle géraient ensemble la laiterie, et elle faisait la cuisine et le ménage. C'était la répartition classique des tâches dans la vallée et, à eux deux, ils tiraient de la ferme presque tout ce dont ils avaient besoin pour vivre.

Aujourd'hui encore, Lisheens tient une place unique dans le paysage de mon esprit. Une générosité presque tangible y imprégnait l'atmosphère. J'ai eu la chance d'en bénéficier pendant le temps que j'ai passé là-bas avec Nellie et Pat. En matière d'hospitalité, les lois des brehons s'appliquaient toujours avec la même vigueur, or, en vertu de ces lois, en tant qu'orpheline je devenais l'enfant de tous. Même le plus pauvre des pauvres se devait de me donner quelque chose, ne fût-ce qu'une pomme bien mûre ou la plus belle groseille de son groseillier, ou sa première fraise.

Après la mort de mes parents, mes liens avec les habitants de la vallée sont devenus plus profonds. Les gens me regardaient différemment, ils me saluaient avec une chaleur qui me faisait monter les larmes aux yeux. Comme s'ils comprenaient que la mort n'est pas contagieuse. Alors que je n'avais pas d'argent, ils me traitaient comme si j'avais hérité de quelque chose d'important, comme si j'avais soudain de la valeur. Nellie avait toujours été gentille avec moi, mais un peu distante. À l'instant où je suis arrivée, le premier été après le décès de mes parents, elle m'a traitée comme si je méritais qu'on s'occupe de moi, comme si j'étais digne de son attention par le seul fait que j'existais. Personne ne m'avait jamais donné cette impression auparavant, et je lui ai aussitôt voué un amour sans bornes. Chaque matin, au réveil, je m'efforçais de croire que ce n'était pas une ruse ou une erreur que quelqu'un corrigerait bientôt.

Évidemment, j'étais en très mauvaise forme, et j'avais désespérément besoin des bons soins de Nellie. Elle a tout de suite remarqué que j'étais maigre comme un clou. J'étais affamée quand j'ai passé sa porte — je n'avais guère plus que la peau sur les os —, mais je peinais à manger ce qu'elle mettait dans mon assiette. Elle a vite envoyé chercher un sac de gruau Macroom. Un bol de cette mixture faisait office de fortifiant, destiné à me tenir au corps et à m'aider à reprendre des forces. Elle en a posé un sur la table dès le deuxième matin et m'a demandé d'en manger autant que je pouvais. Elle m'a aussi prescrit des verres de lait ribot, que je détestais car des petits bouts de beurre y surnageaient et n'attendaient que de remonter dès que je les avalais. Je faisais toutefois consciencieusement ce qu'elle me disait. Je préférais largement le pain cocotte aux groseilles qu'elle me préparait aussi pour me faire plaisir. J'ignore combien de temps j'ai mis à me remettre physiquement de ces premiers mois de vie à Belgrave Place avec l'oncle Pat, mais les évanouissements du dimanche ont cessé dès mon arrivée à Lisheens cet été-là.

Le nom de Lisheens est lourd de sens pour qui parle gaélique. Il ouvre une porte sur un autre monde. Le mot lui-même est ancien, bien que les soldats britanniques, débarqués avec leur volonté de cartographier l'Irlande, l'aient modifié. En vieux gaélique, *lios* signifie « mont des fées » ou « cercle des fées » ;

si on remonte plus loin encore, il désigne le terrain clos d'une ancienne demeure. Le suffixe *-sheens* est issu du vieux gaélique *sí,* pour *aossí,* les habitants des monts des fées. La vallée est riche d'artefacts en pierre qui datent du temps des druides, la classe instruite, l'élite de la culture celte : les docteurs et les chirurgiens, les astronomes et les mathématiciens, les philosophes, les poètes et les historiens. Les collines étaient semées d'autels, de cercles, de cairns, de pierres sacrées, de pierres d'Ogham et de puits saints. Les tourbières livrent des trésors tels que des paniers de beurre, des bijoux en or ou des pots de miel préservés à travers les âges. Pendant mon enfance, cette vallée était peut-être le site le mieux conservé et le plus riche de culture celte dans tout le pays.

Bien que l'occupation anglaise l'ait ravagée, la société qui a donné naissance à cette culture était autrefois formidable. À l'époque du Christ, elle s'était déjà déployée depuis l'Irlande pour planter des racines en Angleterre et en Écosse. Elle s'est répandue vers l'est, à travers l'Allemagne et l'Europe centrale, jusqu'en Ukraine, d'où elle a obliqué au sud vers la Galatie, en Turquie ; en parallèle, elle est passée de la France à l'Italie et à l'Espagne, et jusqu'à la côte de l'Afrique du Nord. Elle s'est également propagée le long de la Route de la soie. À ce jour, une région au nord de la Chine conserve des accents celtiques.

Les Celtes possédaient un alphabet écrit, l'ogham, dont des traces subsistent sur les pierres d'Ogham et qui pourrait dater du premier siècle avant Jésus-Christ. Leur société était gouvernée par un ensemble de lois établies de manière démocratique, les lois des brehons, modifiées au fil du temps pour refléter la vie des habitants. Ces lois furent codifiées en 438 par le roi Laoghaire de Tara, qui s'empressa d'établir une commission royale chargée de les réexaminer continuellement et de s'assurer qu'elles continuaient d'offrir une représentation réellement démocratique des droits de chaque homme, chaque femme et chaque enfant dans le monde celte. Ceux qui devaient procéder à ce réexamen étaient les juges brehons ; ils établirent une forme de jurisprudence qui s'appliqua en Irlande pendant plus de mille trois cents ans. Mon grand-père maternel, Daniel O'Donoghue, fut l'un des derniers à voir ses *breithiúnas,* ou jugements, exécutés.

Les O'Donoghue appartenaient à l'aristocratie, et la résidence familiale, le château de Ross, à Killarney, était un haut lieu d'érudition dans le monde celte. Mon grand-père avait grandi dans une famille illustre, au point d'avoir des domestiques irlandais, ce qui était très inhabituel, mais il était tombé amoureux de l'une des servantes, ma grand-mère, et s'était enfui avec elle à cheval. Refusant de parler anglais, il avait signé leur acte de mariage d'un *X* rageur, mais il parlait et écrivait le gaélique, le latin et le grec, les langues de l'élite celte. Sa maîtrise du gaélique était telle que l'université de Cork a envoyé des chercheurs pour le transcrire. On disait de lui qu'il avait du *blas* — soit, en français, qu'il avait un accent doux. En plus d'une facilité pour les langues, il possédait une connaissance encyclopédique de la poésie, de la littérature, du droit et de l'histoire. C'était une bibliothèque sur pieds, le dépositaire humain de toute la culture que les Anglais avaient tenté d'éradiquer par l'occupation et les Lois pénales.

Ma mère et ses frères et sœurs ont grandi dans un endroit du nom de Lackavane, une vallée plus petite, nichée haut entre les monts Caha, juste au-dessus de Lisheens. Lackavane était une forteresse naturelle, relativement à l'abri des assauts des soldats anglais, qui pendant des siècles ont appliqué les Lois pénales, et protégée par des parois rocheuses en ardoise qui déchiraient les boulets des chevaux anglais. En conséquence, la culture celte fut mieux préservée à Lackavane et à Lisheens que dans le reste de l'Irlande. De plus, étant donné notre lignée et le statut de mon grand-père, la famille de ma mère était très en vue dans la région.

Là où l'Angleterre avait échoué, toutefois, la société de consommation occidentale et l'urbanisation faisaient leur office. Les anciens de Lisheens qui tenaient leurs terres de leurs parents vivaient encore à la manière de leurs ancêtres des centaines d'années plus tôt. C'étaient des fermiers, qui utilisaient à l'occasion un tracteur mais s'en tenaient globalement aux techniques ancestrales. Ils étaient satisfaits de leur sort, de leur poésie, de leurs chants, de leur musique, de leur langue et de leur place dans le monde, mais leurs enfants et leurs petits-enfants avaient goûté à la modernité et aspiraient à y entrer de plain-pied. Ils voulaient de l'argent, une voiture et une nouvelle vie en Amérique ou en Angleterre. Ceux qui restaient connaissaient les machines modernes, les engrais chimiques, et comptaient doubler ou tripler leur rendement pour gagner davantage. Le sentiment de manquer était palpable dans la vallée, et il avait le pouvoir d'écarter les gens des traditions au milieu desquelles ils avaient grandi. Partout en Irlande, les jeunes générations se détournaient des connaissances ancestrales, qu'elles considéraient comme de vulgaires superstitions. À Lisheens, les vieux étaient encore riches de ce que les plus jeunes ne voulaient pas.

J'étais la dernière de la lignée O'Donoghue, fondée à recevoir cet héritage que mon grand-père avait préservé, et je venais de pénétrer dans le monde de Lisheens.

D'après ma mère, la tante Nellie avait autrefois été la plus belle femme du sud de l'Irlande. Ce n'était pas difficile à croire, même si elle avait déjà soixante ans quand j'ai perdu mes parents. Nellie avait le front haut, des yeux bleu clair et un nez aquilin. Elle n'avait pas de rides, ses joues étaient encore roses et ses cheveux argent, chatoyants, tombaient jusqu'à sa taille, mais elle les portait toujours relevés, maintenus en place par un peigne écaille de tortue. Elle fixait une épingle de sûreté à son chemisier, au-dessus du sein droit, et associait au chemisier une jupe longue tissée à la main, en lin l'été, en laine quand le fond de l'air rafraîchissait. Elle faisait tout avec douceur, même quand la tâche était physique et difficile, comme baratter le beurre, et lorsqu'elle me demandait de l'aider, c'était avec la plus grande gentillesse : « Diana, pourrais-tu m'aider à écraser les pommes de terre ? »

C'est par sa voix si douce que j'ai appris le projet de me donner une éducation celte. D'habitude, le transfert de savoir d'une génération à l'autre dans la vallée n'avait lieu que dans le cadre de la famille. Pendant qu'on travaillait avec son père ou qu'on partageait un repas avec sa tante, ceux-ci transmettaient la sagesse qu'on leur avait confiée et y ajoutaient ce qu'ils avaient appris au cours de leurs années de vie. Avec moi, c'était une autre histoire. D'abord parce que mon grand-père avait été dépositaire de connaissances immenses et que, puisque j'étais du même sang, je pouvais prétendre à la même chose. Ensuite parce que, d'après les lois des brehons, un orphelin devient l'enfant de tous. Je n'ai pas de certitude à ce sujet, mais je soupçonne que, quand Nellie a vu dans quel état j'étais en arrivant chez elle, elle a aussitôt convoqué la plus vieille génération de femmes de Lisheens, pour la plupart âgées de quatre-vingts à quatre-vingt-dix ans. Elle leur a fait valoir qu'elles étaient collectivement responsables de moi en vertu des lois ancestrales, que je dépérissais, et elles sont tombées d'accord pour agir. Ce qu'elle m'a expliqué, c'est que j'allais bénéficier de ce qu'elle appelait une « tutelle brehonne », un arrangement grâce auquel on m'enseignerait tout ce que je devais savoir pour être autonome en tant que jeune fille bientôt femme. J'aurais de nombreux professeurs, qui m'enverraient chercher le moment venu. Elle serait la première, et nos leçons devaient commencer sur-le-champ.

Les gens de Lisheens ne mangeaient que deux repas par jour : le petit déjeuner, en se levant, et le déjeuner, vers deux heures de l'après-midi. Il n'y avait pas de dîner, perçu comme une coutume anglaise. Un jour après le déjeuner, quand la rosée avait séché partout, Nellie m'a annoncé que, pour une fois, elle était en avance sur son travail. « J'ai un peu de temps devant moi », a-t-elle dit avant de me proposer de venir faire un tour. La première leçon de ma tutelle commençait.

Quittant la fraîcheur de la cuisine, je suis passée avec elle devant les arbustes en fleur, les *Hebe* qu'elle avait reçues en cadeau de mariage, avec leurs longs épis d'étoiles bleues. Nous avons parcouru le sentier côte à côte jusqu'à la grille, où Nellie a marqué une pause, comme à son habitude, pour admirer ses chères montagnes de Caha. Au lieu de descendre la pente vers la route principale de la vallée, nous avons pris le chemin qui menait à ma pierre de chagrin. Nous l'avons dépassée, jusqu'à arriver tout en haut du champ, près des vestiges d'un ancien fort circulaire d'où l'on voyait toute la vallée.

Ce qui restait du rempart extérieur se trouvait sur un talus taillé dans la colline, comme le bord d'une rizière en terrasse. Ces forts protégés n'étaient jamais touchés par la moindre charrue. Le rempart et son talus s'incurvaient des deux côtés pour se retrouver hors de notre vue. Devant nous, le fossé au pied du talus regorgeait de plantes, et c'est là que Nellie m'a amenée. Alors qu'on approchait, j'ai commencé à discerner des caractéristiques différentes dans cette profusion de verdure. Il y avait là des feuilles de toutes tailles et de toutes formes, des plantes rampantes qui poussaient sans façon autour et sur leurs voisines, et une fleur fragile çà et là tentait de s'imposer. Nellie, calme et confiante, a cueilli une feuille au milieu du chaos. Elle l'a écrasée du pouce dans sa paume, puis l'a portée à mon nez, qui s'est aussitôt empli d'une odeur de menthe verte. « Voici le pouliot, m'a-t-elle dit. Tu n'oublieras pas son arôme. » Elle a prélevé une autre feuille sur la même plante et me l'a tendue. « Mémorise son apparence. » J'ai donc examiné la petite feuille elliptique, puis je me suis efforcée de la recréer dans mon esprit : sa teinte vert foncé précise, ses fleurs bleu-mauve et les veines qui partaient de la nervure principale.

Au bout de quelques instants, Nellie a poursuivi mon instruction. « Il s'agit d'un remède important pour de nombreux maux, m'a-t-elle expliqué. On peut la fumer ou l'utiliser fraîche. On s'en sert pour guérir le rhume en hiver et pour éloigner les insectes ou traiter les piqûres en été. C'est une herbe très ancienne, qu'on utilisait il y a bien longtemps dans les cérémonies et dont les propriétés sont puissantes. Si tu oublies à quoi elle ressemble, tu la reconnaîtras toujours à l'odeur. »

Elle a lâché la feuille froissée, a scruté le fossé et y a prélevé une autre plante avant de se lancer dans l'exposé de ses propriétés médicinales. C'est ainsi que s'est déroulée ma première promenade pharmaceutique : Nellie se fournissait dans le fossé et passait d'un spécimen au suivant. Elle connaissait des remèdes à des maladies dont je n'avais jamais entendu parler alors : santé mentale, problèmes digestifs, cardiaques et dermatologiques. Plus elle avançait le long du rempart, plus je me sentais submergée.

Comment allais-je réussir à tout retenir ? Ayant vu un juge décider de mon sort avant de passer des mois la faim au ventre, j'avais bien besoin de conseils de survie. J'écoutais avec toute l'attention dont j'étais capable, mais il y avait tant à apprendre ! Alors que je commençais à désespérer, Nellie a remarqué ma mine défaite et lâché la racine qu'elle tenait.

« Eh bien, Gidl, a-t-elle dit, utilisant le surnom affectueux que Pat et elle m'avaient donné, ça suffira pour aujourd'hui. »

Elle s'arrêtait parce que je l'avais déçue, j'en étais sûre, et mon désarroi s'est peint malgré moi sur mes traits. Elle s'en est rendu compte et a posé la main sur mon épaule. « Je sais que ça fait beaucoup à retenir, mais je pense que tu en es capable. L'esprit fait des miracles à force de répétition. Ne t'inquiète pas, tu y arriveras petit à petit. »

Et c'est exactement ainsi que j'ai progressé : petit à petit. Entre les leçons de Nellie, ou à l'occasion celles de Pat, s'intercalaient d'autres leçons avec des professeurs répartis dans toute la vallée. L'effectif final dépassait les vingt personnes, et l'infirmière, madame Creedon, qui connaissait tout le monde alentour, était la grande organisatrice de mon planning.

Madame Creedon avait grandi à Lisheens. À vingt ans, elle avait quitté l'Irlande pour faire ses études à New York, avant de revenir, diplôme en main, pour servir sa communauté. Contrairement à d'autres qui avaient goûté au monde moderne, elle n'avait pas rejeté les coutumes ancestrales. Elle consultait tous les gens de la vallée pour leur connaissance des plantes médicinales, et n'hésitait pas à recourir aux remèdes naturels. Malgré son titre officiel d'infirmière hygiéniste, elle faisait en réalité office de médecin généraliste, et sa pharmacie était la vallée et la communauté elle-même. Elle avait un cabinet près de l'église, dans laquelle bon nombre de gens venaient chaque jour entendre la messe. Comme il n'y avait pas de téléphones à Lisheens, quiconque avait des connaissances qu'il souhaitait partager avec moi lui rendait visite après la messe et le lui faisait savoir autour d'un thé corsé ou d'une tasse de café à base de sirop concentré. Toutes les propositions se valaient : une petite contribution valait autant qu'une grande, dans la mesure où toutes concouraient au résultat. Elle envoyait ensuite à la ferme un messager — un garçon doté de longues jambes et d'une bonne capacité pulmonaire —, et Pat me transmettait l'invitation. Cette chaîne incroyable m'était invisible. Je n'en voyais en général que l'aboutissement sous la forme de quelques lignes laissées par Pat le matin, qui disaient : « Diana, untel voudrait te voir dans les montagnes (ou sur *Cnoc Buí*). »

Les leçons avaient toujours lieu l'après-midi. J'allais où j'avais été invitée et je franchissais le seuil d'une ferme. Mon hôte, à la table de la cuisine, me chantait une chanson de l'ancien temps en gaélique pour m'accueillir chez lui ou elle. On m'offrait une tasse de thé, préparée et versée avec autant de soin que lors d'une cérémonie chinoise, puis je m'asseyais et mon professeur s'affairait dans la pièce en récitant un ou plusieurs vers de poésie, début d'un échange en gaélique entre nous.

On m'a enseigné les propriétés des simples, comme lors de ma promenade au fort circulaire avec la tante Nellie, et tout un tas de compétences pratiques. Par exemple, une femme de Kealkill était une spécialiste du beurre : elle en produisait diverses variétés, à la façon d'un artisan qui crée des fromages ou des vins. Elle m'a reçue pour me montrer les différents types de beurre issus des différents terroirs et leur usage, pour me montrer comment une couche de beurre évitait que les œufs ne s'oxydent et les gardait frais longtemps sans réfrigération…

Je me rappelle le goût de ses beurres. L'un d'eux, orangé, était fort et salé, et je ne l'ai d'abord guère apprécié, puis je m'y suis habituée. Sa couleur, m'a-t-elle expliqué, était liée aux premiers pâturages de l'été. C'est là que j'ai compris que la variété, ou la biodiversité, était une bonne chose, même pour une vache.

Bon nombre de mes leçons, toutefois, et notamment au début, étaient psychologiques. Mes professeurs me savaient exposée à certains risques, en tant qu'orpheline et en tant que femme. Ils savaient aussi que je faisais face à un chagrin et à un traumatisme immenses. Ils m'ont donc montré comment digérer la douleur de la vie et prendre soin de mon corps, de mon esprit et de mon âme. Ils m'estimaient capable de tout réussir, mais pensaient aussi que, pour atteindre mes objectifs les plus ambitieux, je devais commencer par m'en croire capable. Ils m'ont donc appris à m'aimer et à avoir confiance en mes propres capacités.

Apprendre à m'apprécier a été particulièrement difficile. J'avais passé quatorze ans à m'effacer, et des mois d'horreur m'avaient laissé le sentiment d'être maudite. Pourtant, même lors de ces leçons plus abstraites, mes professeurs me fournissaient des instructions claires et des outils pratiques. Après avoir posé le thé sur la table, l'une d'elles me disait par exemple : « Assieds-toi, Diana, et laisse ta bouche se reposer. Tu sais, on a discuté, et on s'inquiète pour toi, on a peur que tu te perdes. » Elles ne craignaient pas que je me perde physiquement, mais plutôt mentalement, dans le sens où je risquais de perdre mon identité ou ma résolution. « Je vais donc t'expliquer ce que je fais quand je me sens perdue ou dépassée. »

À travers leur propre expérience et leur pratique, mes professeurs m'ont initiée à une forme de méditation celte par le silence. On me demandait par exemple de penser à une chaise. J'en choisissais une mentalement, souvent l'une des chaises en bois de la cuisine de tante Nellie. Quand son image était bien claire dans mon esprit, on me disait de pénétrer dans l'endroit où se trouvait cette chaise. Cela a exigé du travail, mais me libérer des soucis et autres irritations pour m'asseoir calmement sur cette chaise mentale me procurait un sentiment physique de repos et faisait des vacances à mon cerveau.

Une autre fois, on m'a demandé de me remémorer le jour le plus heureux de ma vie et de le reconstituer dans ma tête, puis on m'a appris à retrouver ce même état de bonheur, comme si je marchais pieds nus dans le sable lavé par la marée descendante. Par la suite, je serais capable d'y revenir dès que j'aurais besoin de reprendre des forces, de me remonter le moral ou simplement de me sentir bien un moment.

Dans cet espace bien à moi, j'étais allongée sur un matelas bourré de paille fraîche dans ma petite chambre à la ferme de Lisheens. Le soleil matinal passait par la fenêtre et me baignait les pieds. J'avais chaud aux chevilles, une sensation exquise. La paille était divine, douce, et son odeur montait du lit. J'entendais les poules caqueter dehors, et il y avait des vaches au loin, et des chevaux plus près de la maison. Je pouvais aller à l'étable me chercher un œuf brun tout frais pour le petit déjeuner. Je salivais à l'avance du goût de cet œuf, et c'était un instant béni, un instant très, très spécial. J'y retourne encore dans ma tête et j'y retrouve la même joie.

La maison de Pat et Nellie était une ferme irlandaise traditionnelle en pierre sur deux niveaux, dotée d'un toit d'ardoise grise à l'ancienne qui devait remonter à deux cents ans. L'habitation, la laiterie et l'étable étaient blanchies à la chaux. La laiterie, où Nellie préparait le lait, la crème et le beurre, était adossée à l'arrière de la maison. L'étable, collée au mur est, renfermait l'équipement pour la voiture à cheval et toute la sellerie, qui tombait en cascade du mur où elle était accrochée.

Bien rangés sous cette avalanche de cuir se trouvaient les paniers de ponte tressés à la main, confortablement matelassés de foin et de paille. Les poules quittaient leur poulailler pour aller pondre dans l'étable. Chacune d'elles avait une préférence pour un panier spécifique. Si j'en déplaçais une sur un autre panier, elle retournait toujours à celui qu'elle avait choisi.

J'avais ma poule favorite, ma reine. Ses œufs étaient gros, bruns et constellés de taches plus foncées. Tous les matins, j'allais à l'étable prélever sa production sur son panier. Avec une tranche de pain cocotte, je tenais là mon petit déjeuner.

Un matin, dans l'étable, j'étais assise sur un gros montant de bois grossièrement équarri, en train d'examiner mon œuf, quand j'ai entendu le son caractéristique de sabots ferrés sur l'allée pavée devant la salle de traite. La perspective de rencontrer de nouveaux chevaux m'a fait sortir et traverser la cour en un clin d'œil. C'est à peine si mes pieds ont touché le sol avant que je ne pose les yeux sur deux magnifiques juments alezanes, dont les longes en cuir étaient glissées sous une grande pierre ronde. Je me suis arrêtée net pour contempler les muscles puissants de leurs flancs et de leurs jambes, ainsi que leur robe luisante. Alors qu'elles chassaient des mouches d'un mouvement de la queue, j'ai soudain compris : c'étaient des chevaux de course !

J'étais si enthousiaste que je l'ai dit à voix haute : « Des chevaux de course ! » J'ai alors remarqué les ronds de fumée qui s'élevaient paresseusement de l'autre côté des bêtes. Je les ai lentement contournées pour en discerner la source, et j'ai découvert qu'ils émanaient de la petite pipe incurvée d'un homme assis sur un banc à traire, occupé à examiner les jambes des juments. Du même âge que Nellie à peu près, il était vêtu d'un costume trois pièces élégant en beau tweed irlandais, et la chaîne en or d'une montre pendait à son gousset. Ses cheveux, couleur du beurre d'été, se dressaient au garde-à-vous sur le sommet de son crâne. Je n'avais jamais vu de chevelure pareille ! Tandis que je le fixais, étonnée, il s'est tourné vers moi. Son regard bleu perçant m'a figée sur place lorsqu'il a ôté la pipe de sa bouche et laissé échapper une nouvelle procession de ronds de fumée parfaits, puis il a demandé : « C'est toi, la Gidl ? »

Comme je ne répondais pas, il a répété sa question, avant d'adoucir son approche. « Pardon, *leanbh,* a-t-il dit en utilisant le terme affectueux pour "enfant". Ne fais pas attention à moi. J'ai du travail avec ces chevaux. On les a trop poussés aux courses de Killarney, il faut que je les remette en forme. Mais d'abord, je dois déterminer ce qui ne va pas. On va leur parler, tous les deux. Fais juste attention à leurs jambes arrière, elles ont le coup de pied facile. »

Il s'est levé en s'époussetant d'une main et a glissé la pipe dans la poche de son gilet. C'est là que j'ai enfin compris à qui j'avais affaire : le frère de Nellie, l'oncle chéri de ma mère, Denny O'Donoghue de Lackavane. L'oncle Denny était un *cúipinéir,* un rebouteux, l'un des derniers du comté de Munster. Connu pour son don avec les animaux, il était un peu comme un vétérinaire, en mieux. Ma mère m'avait raconté qu'il savait communiquer avec les chevaux, qu'il sifflait et murmurait exactement ce qu'ils avaient besoin d'entendre dans un gaélique doux et apaisant. Il glanait des informations de la robe des animaux, et savait comment les nourrir, les diriger et leur parler le plus efficacement. On venait de loin pour la magie qu'il semblait avoir au bout des doigts, et ses services étaient réclamés dans les hippodromes et les écuries de tout le sud du pays. Bien que très séduisant, il ne s'était jamais marié. Je crois qu'il ne se souciait guère des femmes. Il se passionnait surtout pour les chevaux.

« Oncle Denny, ai-je enfin lâché, entre l'affirmation et la question.

— Eh bien, oui, c'est moi, a-t-il répondu avec un sourire naturel. J'ai entendu dire que les femmes d'ici jusqu'à Kaelkill se chargent de ton éducation. Il se trouve que j'ai moi aussi quelque chose à t'apprendre, Gidl. »

Denny a pris l'une des juments par le licou, libérant du pied le bout de sa longe, et il lui a fait faire quelques pas. Elle hennissait de douleur et boitait de la jambe arrière gauche, rechignant à porter son poids sur celle-ci. « Doucement », a fait Denny entre ses dents. Il s'adressait directement à l'animal, mais je comprenais très bien que l'essentiel de son propos me visait. « Je sais que tu as mal, mais je crois que je peux te guérir. C'est le tendon, il est enflammé. Je pense que tu seras comme neuve après un petit massage. Ensuite, je te laisserai pâturer ici avec ta sœur, promis. Le calcium contenu dans le sol consolidera les fissures dans tes os s'il y en a, et ensuite on verra comment tu te sens. »

Même en mouvement, Denny donnait une impression d'immobilité, de calme, comme s'il ne pressait jamais rien. Il avait une aisance incroyable et inspirante. Il pouvait rester assis à regarder dans le vide et à réfléchir, seul avec lui-même, sans que cela lui pose problème. Il a encore fait faire quelques pas à la jument tout en continuant à s'adresser à elle, et à moi : « Doucement. Il faut que tu restes tranquille un moment pour que je puisse te regarder et vérifier qu'il n'y a pas d'autre problème. »

Il l'a examinée une fois de plus, puis il a massé son flanc gauche de la hanche au jarret en lui parlant d'une voix apaisante. « On y vient, a-t-il dit au bout d'une minute ou deux. Je crois que le nœud se détend, sauf erreur. Le tibia et le péroné ont été un peu trop sollicités, mais ce sont des os, ils se remettront en place avec un peu de repos. »

Il a demandé à la jument : « Tu m'as entendu ? Un peu de repos : on ne galope pas pendant une semaine. Je serai là et je te garderai à l'œil jour et nuit. Ton jarret va aller mieux, et tu seras de nouveau égale à toi-même en un rien de temps. »

Lorsqu'il libéra la jument, ainsi que sa sœur, dans l'une des pâtures, elle se mouvait déjà plus facilement. Son boitillement était beaucoup moins prononcé et elle avait cessé d'émettre les gémissements d'un animal qui souffre. Ma mère aimait beaucoup Denny pour sa proximité avec les animaux, notamment les chevaux, et je sentais déjà une affection similaire monter en moi. Lorsqu'il a apporté un second banc à traire pour qu'on surveille les juments côte à côte, j'ai pris mon courage à deux mains pour lui soumettre mon propre problème.

Depuis des années, Pat et Nellie me reprochaient de trop gâter les animaux. Je distribuais volontiers friandises et affection, de sorte que j'étais souvent suivie par une nuée de poules ou de canards, par les deux chiens, Flossie et Flo, par des chats, des moutons ou toute combinaison des précédents. En plus de ma poule favorite, j'adorais une énorme truie landrace du nom de Daisy, qui venait en courant quand je l'appelais. Elle s'allongeait pour que je lui gratte le ventre, et Pat me réprimandait parce que j'en faisais un petit chien. Il me criait aussi dessus quand je nourrissais les veaux. Devant le portillon, sous une arche recouverte d'un magnifique rosier grimpant de Banks aux fleurs roses et au pied épais comme un tronc d'arbre, je leur glissais du foin à travers la barrière, puis je les laissais me téter les mains. J'avais l'impression que ma peau ne résisterait pas à leur succion, mais ce n'était pas désagréable.

Pat et Nellie me réprimandaient toujours avec une note d'humour et suffisamment de chaleur dans la voix pour que je comprenne que ce n'était pas vraiment grave. La semaine précédant ma rencontre avec Denny, des verrues hideuses étaient apparues sur mes doigts, au niveau des articulations. J'en concevais une immense honte. Elles grossissaient de jour en jour, au point que c'en était effrayant. Surtout, j'étais certaine de les avoir attrapées auprès des animaux. J'avais transgressé les règles, et la preuve était là, bien visible.

J'avais fait de mon mieux pour les cacher tout en essayant de les empêcher de s'étendre, mais j'ai décidé de les montrer à Denny. Il a pris mes mains dans les siennes et les a examinées d'un œil qui ne portait pas de jugement. Il ne m'a pas grondée, il m'a juste dit qu'il connaissait un remède tout simple. Il a pris une pomme de terre rose de Kerr fraîchement récoltée, l'a coupée en deux et en a creusé la chair. Il a versé du sel dans le creux ainsi formé et m'a expliqué que, dans la nuit, le sel ferait dégorger la pomme de terre. « Prends l'eau que tu trouveras dedans et frottes-en tes verrues. Change de pomme de terre tous les jours et fais comme je viens de te montrer. Au bout de trois semaines, tu seras complètement guérie. » J'ai suivi ses instructions et traité mes articulations tous les jours. Quand il a été temps de rentrer à Cork, il n'y paraissait plus.

Ça peut sembler anecdotique, mais constater l'efficacité de ce remède a été une expérience impressionnante. J'avais peur de ces verrues. C'était une calamité de plus dans mon existence maudite, et j'en étais plus ou moins venue à croire que je ne m'en débarrasserais jamais. Et puis, elles ont disparu. C'était magique et, en même temps, la preuve concrète de la véracité de ce qu'on m'apprenait à Lisheens et des pouvoirs incroyables des plantes. J'étais fascinée. À partir de là, j'ai éprouvé le plus grand enthousiasme à l'idée de tout ce que les anciens avaient encore à m'apprendre. J'attendais avec impatience la leçon suivante et la touche de magie ancestrale qu'elle recèlerait, mais j'allais devoir patienter, car Cork, l'école, l'hiver et Belgrave Place m'attendaient.

4

L'instruction n'est pas un fardeau pour une femme

J'ai vécu le retour à Cork après le premier été de ma tutelle comme un nouveau deuil. La ville était un lieu si solitaire. J'étais seule au milieu de la foule. J'étais triste malgré moi d'avoir quitté Nellie, Pat, Denny et mes autres professeurs, Daisy, ma poule chérie, Flossie, Flo et les autres animaux, *Cnoc Buí* et les montagnes de Caha, le ciel et la mer, la bruyère, les ajoncs, le houx et les mûres, ainsi bien sûr que la cuisine de Nellie. Mais, après ces quelques mois de leçons seulement, j'étais mieux armée pour faire face à la solitude. Quand l'éternelle question se présentait à moi : pourquoi fallait-il que tout ça m'arrive ? J'avais maintenant l'impression non pas tant de tenir une réponse que d'accepter l'idée qu'il était vain de vouloir y répondre.

La vallée m'avait appris qu'il y a une raison à tout. Il ne me restait qu'à m'y fier et à y puiser du réconfort sans connaître la raison elle-même. J'étais vouée à affronter ma part de souffrance et, si la mienne me paraissait plus grande que celle des autres, j'avais aussi le sentiment d'être destinée à y survivre. Les pensées chaleureuses de ceux de Lisheens et leur gentillesse m'accompagnaient et me protégeaient. Quand j'allais à l'école, elles m'entouraient et m'aidaient à me sentir complète et mieux capable d'être simplement moi-même.

Ma scolarité avait été une source de conflit entre mes parents. Mon père voulait m'envoyer dans un pensionnat privé élitiste au sud de l'Angleterre, et il était allé jusqu'à m'y inscrire quelques jours après ma naissance. Ma mère, en revanche, insistait pour que je reçoive une instruction irlandaise, et notamment que j'apprenne l'irlandais. C'est elle qui a fini par l'emporter. Avant de mourir, elle m'avait inscrite à Cork dans une école privée pour jeunes filles, Saint-Aloysius, dirigée par les sœurs de la Charité. Son testament prévoyait de quoi couvrir les frais de scolarité, et je devais y entrer cet automne-là.

C'était bien le seul aspect clair de ma situation, notamment financière. Une semaine avant la reprise, une nouvelle audience au tribunal était prévue afin que je puisse demander de quoi couvrir mes « dépenses indispensables ». La nourriture n'entrait pas dans cette catégorie car, aux yeux des autorités, l'oncle Pat s'en chargeait, mais une bonne part du montant qui m'était accordé pour mes vêtements et mes sous-vêtements (ou « divers », comme disait pudiquement la justice) servait en fin de compte à mes repas. À quatorze ans, j'ai commencé à m'occuper intégralement des courses, ainsi que du ménage et de la cuisine. J'allais chez O'Flynn, le boucher local du marché anglais, et je demandais par exemple une livre d'agneau, et monsieur O'Flynn m'en emballait deux livres tout en n'en facturant qu'une. Jamais il n'a ouvertement commenté ma situation financière désespérée — après tout, j'étais la nièce de Rocky Donoghue —, mais sa gentillesse tout en discrétion a contribué à me maintenir en vie. Grâce à ces provisions doublées, je préparais des repas familiaux réguliers pour moi-même, l'oncle Pat et, tant qu'elle a vécu, la tante Biddy, ce qui nous a rapprochés. Bien que Pat n'ait jamais demandé pourquoi ni comment j'en étais venue à faire la cuisine moi-même, il a fini par laisser de l'argent pour les courses sur la table de la cuisine.

Ma relation avec lui s'est améliorée de façon spectaculaire cet automne-là. À Lisheens, j'avais gagné un peu d'assurance, et je ne ressentais plus le besoin pressant de rester muette et de dissimuler des aspects centraux de ma personnalité, comme mon intelligence. À ma grande surprise, Pat ne partageait pas les idées de ma mère quant à l'éducation des filles. Loin de là, même. Au cours des années suivantes, il me répéterait sans relâche : « Diana, l'instruction n'est pas un fardeau pour une femme. » Dès mon retour, il a manifesté un plaisir évident chaque fois que je partageais avec lui ce que j'avais appris ou que je proposais un sujet de réflexion ou de débat. Le premier exemple que je me rappelle concernait le remède de Denny pour mes verrues. Pat, qui en avait entendu parler, m'a expliqué qu'il remontait à très longtemps, puis, à son initiative, nous avons entrepris de découvrir pourquoi il fonctionnait. Quel type de pommes de terre utilisait-on ? La composition chimique différait-elle d'une variété à l'autre ? Le liquide devait-il sécher sur la peau ? Pourquoi la pomme de terre avait-elle besoin de la lumière du soleil sur l'appui de fenêtre ? Nous formulions tous les deux des questions, et Pat prenait autant de plaisir que moi à chercher les réponses. Il en est ressorti qu'on pouvait se servir de n'importe quelle variété de pommes de terre tant qu'on en prenait une nouvelle du même type chaque jour, et que l'action du soleil était cruciale car elle produisait de la solanine, un composé chimique antiviral qui tuait les verrues sur la peau.

Il m'encouragea aussi à lire sans limites les livres de sa bibliothèque. Sur les étagères du 5, Belgrave Place, Pat avait amassé une collection de dix mille premières éditions. Ces ouvrages couvraient un éventail très large de sujets, et d'autres attendaient par terre qu'on les examine. L'un des premiers volumes que je me rappelle avoir prélevés contenait des pages et des pages d'aquarelles du peintre américain Andrew Wyeth. L'oncle Pat, me voyant le consulter, m'a demandé ce que je cherchais. J'ai juste répondu « Tu as tellement de livres intéressants… », et les livres sont devenus notre langage commun. Nous aimions le poids des tomes dans nos mains, leur forme et leurs polices d'écriture. Une rangée de livres verts des éditions Penguin était l'un de ses grands plaisirs.

Deux soirs par semaine, je suivais des cours à l'école d'art de Cork, peignant et dessinant jusqu'à la limite de mon couvre-feu.

Les cinq autres soirs, après l'école en semaine ou le tennis et le *camogie* (la version féminine du *hurling*) le week-end, je préparais le dîner, puis l'oncle Pat et moi prenions place dans deux fauteuils et lisions jusqu'à l'heure du coucher. Il s'installait toujours à gauche de l'âtre tandis que je préférais le côté droit, plus proche des larges fenêtres georgiennes. À l'occasion, je m'étendais sur le tapis rouge comme un chat satisfait. S'il tombait sur un poème qui le touchait ou une information intéressante, il m'en faisait part. Quand sa voix devenait rauque à force de parler, je trouvais un passage saillant dans mon propre volume, et c'était à mon tour de lire à voix haute. La plupart de nos soirées se déroulaient ainsi, à faire assaut de nos meilleurs passages. Je me découvrais une immense soif de connaissances, et j'avais parfois l'impression, ces soirs-là, de les absorber par osmose, comme si la seule proximité de tous ces livres me permettait d'assimiler l'information à travers la peau.

À Saint-Aloysius comme dans mes écoles précédentes, les autres filles m'évitaient pour la plupart. Les sœurs semblaient savoir que j'étais intelligente et m'appréciaient pour cette raison, mais elles ne me témoignaient pas d'affection. Je soupçonne que c'est grâce à l'intérêt qu'elles me portaient, et peut-être à leur intervention, que je n'ai jamais été harcelée ni moquée. Cependant, sans personne pour me guider ou m'expliquer comment les choses fonctionnaient, je me suis retrouvée une ou deux fois dans l'embarras. Vers la fin de ma dernière année, j'avais appris d'une façon ou d'une autre que notre certificat de fin d'études secondaires devait être une évaluation honnête de ce que nous avions retenu pendant l'année. Dans un souci de probité, je me suis abstenue de réviser pour l'examen. Le matin des épreuves, à mon arrivée, toutes les filles étaient assises sur les marches, livres ouverts sur les genoux, à se bourrer le crâne jusqu'à la dernière minute. Scandalisée, j'ai cru qu'elles trichaient, jusqu'à ce qu'on m'explique que c'était en révisant qu'on se préparait pour un examen. Je suis entrée dans la classe terrifiée à l'idée que j'allais passer pour une imbécile, mais j'ai réussi malgré cela et fini première de ma promotion. La fois suivante, je savais quoi faire.

Ma solitude n'a pas toujours été une mauvaise chose. Savoir qu'on m'ignorerait et que je n'aurais pas d'amies quoi que je fasse ou presque a eu un effet libérateur : je pouvais être moi-même sans craindre les conséquences. Ma scolarité était un refuge, un endroit épargné par les sentiments négatifs. À mesure que j'en apprenais sur le monde, j'ai compris qu'une vie plongée dans les livres me convenait. Mon premier contact avec la science dure a amplifié ma passion. J'avais une excellente raison d'aller à l'école, avec ou sans amies : les sœurs détenaient la clé de connaissances auxquelles je rêvais d'accéder.

Jupe plissée verte, chemisier gris ardoise et cravate tricolore, j'attendais l'arrivée de sœur Mercédès avec le reste de mes camarades dans le laboratoire de chimie de l'école. Ma veste, ornée d'un écusson doré, pendait sur le dos de ma chaise, et une odeur de gaz planait dans l'air, preuve que quelqu'un n'avait pu s'empêcher de jouer avec le robinet de son bec Bunsen. Sur les tables, devant chaque élève — placé là avec soin, imaginais-je —, se trouvait un magnifique manuel de chimie américain tout neuf, couverture intacte, que l'oncle Pat convoiterait sans doute. Je passais un doigt admiratif sur le bord de l'ouvrage quand la sœur est entrée dans le labo, des liasses de documents dans les bras.

Notre professeure a posé ses affaires sur son bureau et s'est placée devant la classe. Elle a eu une grimace contrariée en sentant le gaz, mais a choisi de ne pas en parler avant de passer aux choses sérieuses et de nous demander d'ouvrir nos livres et de lire le premier chapitre en silence. Des ricanements et des râles sont montés tandis que sœur Mercédès s'asseyait, ajustait sa guimpe et entreprenait de trier ses papiers. J'ai ouvert délicatement le volume, marquant une brève pause pour savourer le discret craquement qui en faisait *mon* manuel, puis j'ai laissé le reste de la classe s'estomper tandis que je concentrais toute mon attention sur les mots.

J'ai commencé par la page de copyright et remarqué le nom de la maison d'édition avant de passer au chapitre à lire, qui portait sur les propriétés de l'hydrogène. Les pages étaient belles et ornées d'illustrations en couleur. L'hydrogène, y ai-je appris, est un élément chimique univalent de numéro atomique 1 et de masse atomique 1,0079. Son symbole chimique est la lettre H. Tout ce qui concernait ce premier élément me paraissait parfaitement logique. Une sensation similaire à celle qu'on éprouve en lisant un roman où un sentiment est si bien décrit qu'on découvre à la lecture qu'on l'a soi-même éprouvé. *Mais oui, bien sûr ! C'était donc ça !*

Enthousiaste, j'ai lu le plus vite possible. Le chapitre faisait à peu près dix pages. Arrivée à la fin, j'ai levé la main et toussoté pour attirer l'attention de la sœur.

« Continuez, ordonna-t-elle. Lisez le chapitre suivant. »

Oxygène. Numéro atomique 8, masse atomique 15,9994. Beaucoup plus lourd que l'hydrogène. Symbolisé par la lettre O. Fascinant. Le manuel me paraissait plus passionnant que n'importe quel illustré. Le gaz qui fuyait du bec Bunsen aurait pu emplir le labo, exploser et expédier sœur Mercédès, guimpe et chapelet grillés, de l'autre côté de la route à travers le toit de son couvent que mes yeux seraient restés rivés au texte. J'ai atteint la fin du chapitre sur l'oxygène et levé de nouveau la main tout en toussotant, plus discrètement cette fois.

La sœur a levé les yeux de ses papiers. Quand elle m'a aperçue, l'indignation s'est peinte sur ses traits. « Ah, non ! Jeune fille, vous vous moquez de moi ! »

J'ai regardé par-dessus une épaule, puis l'autre, pour m'assurer qu'elle s'adressait bien à moi. Nous étions toutes si surprises qu'il n'y a pas eu un murmure ni un ricanement. Un silence de mort était tombé sur la salle. Sœur Mercédès s'est levée lentement, menaçante. Elle a posément refermé son porte-documents puis, les yeux clos, elle a fait défiler les perles de son rosaire avant de s'attarder sur le grand crucifix. Elle a pressé du doigt le corps du Christ comme si c'était un bouton capable d'entraîner la bonne réaction. Elle a rouvert les yeux. « Allez-y, a-t-elle dit d'une voix dégoulinant de sarcasme. Récitez ce que vous avez lu. Nous avons toute la journée. »

J'ai senti les regards passer d'elle à moi, et toute ma joie s'est envolée. Je n'avais fait que ce qu'elle nous demandait, et je sentais pourtant que je m'étais mise dans le pétrin. « Je suis navrée, sœur Mercédès », ai-je commencé, mais d'un geste elle m'a réduite au silence. « Levez-vous, miss Beresford, a-t-elle dit d'un ton acide, et montrez-nous ce que vous avez appris. »

Ne sachant que faire d'autre, j'ai commencé par la page de copyright. J'ai cité de mémoire le nom de la maison d'édition. J'ai ajouté la date de publication pour faire bonne mesure, puis j'ai enchaîné sur l'hydrogène. Je m'efforçais d'imprégner mes mots de ferveur, comme pour une prière, en espérant que cela l'ébranlerait. J'ai récité page après page, numéros compris. Personne ne pipait mot. Le visage de la sœur était un masque impénétrable. J'apprendrais plus tard que j'ai une mémoire photographique des équations et quasi photographique pour tout le reste. J'apprendrais également que tout le monde ne fonctionne pas comme moi. Sur le coup, toutefois, je ne savais qu'une chose : on m'avait demandé de réciter ce que j'avais lu. Je me détendis un peu en passant au chapitre sur l'oxygène, suffisamment pour de nouveau prendre plaisir à la disparité entre les deux masses atomiques. J'étais quelque part dans la colonne de gauche de la page quinze quand la sœur a de nouveau levé la main pour me faire taire. Je suis presque certaine qu'elle a juré tout bas avant de rassembler ses perles dans une main et de quitter la salle. Quelques instants plus tard, je l'ai vue par la fenêtre traverser la cour et entrer dans le couvent.

Qu'avais-je fait ? J'étais terrifiée. Mes camarades ne bougeaient pas, ne disaient rien. L'atmosphère était tendue, mais j'ignorais si c'était parce qu'elles partageaient ma crainte ou parce qu'elles s'attendaient à une scène distrayante. Pour ma part, j'étais persuadée de nous avoir causé à toutes des problèmes. J'allais être exclue de l'école, et jetée à Sunday's Well en dépit des inquiétudes du juge quant à d'éventuelles représailles de la part des Beresford. Et tout ça à cause de l'hydrogène et de l'oxygène.

J'étais encore perdue dans mes réflexions quand une fille qui faisait le guet à la fenêtre a annoncé à mi-voix que sœur Mercédès revenait en compagnie de « Bona ». Sœur Bonaventure était la directrice de Saint-Aloysius. J'étais fichue.

Les sœurs sont entrées en trombe dans le labo et se sont dirigées vers l'avant de la salle, cognant leur chapelet contre les tables dans leur hâte. On m'a fait lever. Les genoux tremblants, je me suis exécutée. « Récitez encore, m'a enjoint sœur Mercédès. Les chapitres. De tête. »

Une fois de plus, j'ai commencé par le titre. Ma main reposait sur le livre fermé devant moi, comme une ancre rassurante, la seule chose qui m'évitait de m'évanouir ou de m'évaporer. Aux alentours de la page treize, Bona m'a demandé d'arrêter. Je suis restée debout, juste au cas où il faudrait que je récite à nouveau.

Bona s'est tournée vers sœur Mercédès et elles ont échangé un regard indéchiffrable, puis elle s'est retournée vers moi. « Asseyez-vous », a-t-elle dit.

J'ai obéi, et elle a quitté le labo de chimie sans rien ajouter. Sœur Mercédès est retournée derrière son bureau et s'est consacrée à ses papiers après nous avoir ordonné à toutes de reprendre notre lecture. Ni mes camarades ni mes professeures ne me reparlèrent de cet incident.

Une semaine plus tard, au beau milieu du cours de sœur Mercédès, j'ai été convoquée dans le bureau de Bona. En plus de la directrice m'y attendait un homme qu'elle m'a présenté comme monsieur Holland, un professeur de l'université de Cork. « Miss Beresford, monsieur Holland ici présent se chargera de vos cours de mathématiques à l'avenir », m'a-t-elle informée.

Je souris aujourd'hui en repensant à ma réaction, mais sur le coup j'étais honteuse. Mes cours particuliers auprès de monsieur Holland me permettraient, au cours des trois années suivantes, de me plonger dans les mathématiques à un niveau universitaire bien avant mes pairs. Il m'a fait avancer à une vitesse effrénée, qui me convenait à la perfection. Sous sa férule, j'ai dévoré les mathématiques, partageant le soir avec l'oncle Pat ce que j'avais appris. Je me sentais alors davantage en phase avec moi-même qu'à aucun autre moment entre les murs de Saint-Aloysius.

Mais ce jour-là, debout devant la directrice sévère et cet homme que je n'avais jamais vu, je n'ai pu m'empêcher de basculer dans le mode de pensée que ma mère m'avait inculqué : pour être ainsi distinguée, je devais avoir très mal agi.

5

Le sens de ma tutelle

Pendant le premier été de ma tutelle dans la vallée de Lisheens, j'étais restée assez méfiante face à l'attention qu'on me prodiguait. J'avais d'abord mis en doute les motivations de mes professeurs, persuadée qu'ils se lasseraient vite de moi. Par la suite, je m'étais dit que quelque chose devait clocher chez moi pour qu'on s'intéresse à mon cas, et qu'on m'apprécie, même. J'attendais que ce défaut soit révélé, qu'il sabote la douce trajectoire qui s'ouvrait devant moi et me renvoie vers le malheur. Ce n'est qu'en quittant Lisheens à la fin de l'été, toujours drapée dans ce manteau d'affection, que je m'étais enfin sérieusement demandé si mes doutes étaient fondés.

À Cork, pendant l'hiver, j'y ai longuement réfléchi. En préparant le dîner, en pédalant vers l'école ou en attendant le sommeil, je passais en revue toutes les interactions dont je me souvenais, à la recherche de failles. En réalité, je retrouvais des instants en apparence insignifiants mais qui, à la lumière froide de la ville, ne recelaient que des preuves d'empathie et d'affection, autant de raisons de me fier à mes professeurs et à leur amour pour moi. Au début de l'été, quand le train et la carriole me ramenèrent dans la vallée et que mes leçons reprirent comme si la dernière datait de la veille, leur constance me fournit la dernière preuve dont j'avais besoin.

Comme précédemment, mes professeurs ne hiérarchisaient pas les savoirs qu'ils m'enseignaient. L'interminable inventaire des plantes et de leurs usages que me faisait Nellie n'était pas plus important à leurs yeux que m'apprendre à préserver un œuf dans du beurre. Il fallait que j'apprenne tout. Cette valeur accordée en égale mesure aux informations, même les plus insignifiantes, aux histoires, aux chansons et aux poèmes est un élément crucial de la culture celte, et il y en avait un rappel constant dans chaque ferme de Ballylickey à Lackavane, et au-delà : le lit destiné au *seanchaí*.

Le *seanchaí* était un conteur itinérant, un homme à la mémoire prodigieuse et au verbe envoûtant. Il s'agissait d'un rôle hérité, transmis au sein d'une lignée qui remontait à des centaines d'années. Pendant les mois les plus froids, des moissons aux semailles, il passait d'un lieu à l'autre pour partager ses histoires.

La cuisine de Nellie était la plus vaste pièce de la ferme. Elle avait un sol de terre battue, dur et lisse comme du béton poli, et une grande table entourée de nombreuses chaises. Dans le mur côté ouest s'ouvrait une large cheminée cintrée pourvue d'un trépied pour les casseroles et les cocottes, et d'une crémaillère pour les marmites. Et contre le mur près de la porte d'entrée, face au feu, se trouvait le *leaba shuíocháin,* la banquette.

Le *leaba* pouvait accueillir deux ou trois personnes assises ou un dormeur allongé, sur un coussin pour plus de confort. Le *seanchaí* avait droit à ce lit dans chaque maison. Il envoyait un messager pour prévenir de son arrivée, et on le découvrait le lendemain matin lové sur le *leaba,* son manteau roulé sous la tête en guise d'oreiller et ses chaussures mises à sécher devant le feu. Ce soir-là, la cuisine s'emplissait de voisins et le *seanchaí* déchaînait son arsenal : des contes brefs et percutants, les *gearrscéal* ; de magnifiques poèmes ; de vieux récits d'aventures peuplées de fées, de banshees, de changeformes et autres héros des légendes irlandaises ; des pans d'histoire généalogique qui se délectaient du fil magique qui relie toute l'humanité.

Pour les Celtes, une histoire est à la fois un acte de création et son résultat. Le *seanchaí* avait la capacité de créer des univers à partir de rien, et les gens venaient de loin pour se serrer autour de lui près du feu. Je me rappelle un soir juste avant mon départ pour Cork. Le *seanchaí* avait choisi de loger chez Nellie et Pat (ce qui arrivait peut-être deux fois par an), et un couple âgé, Patrick et Mary O'Flynn, s'est présenté à la porte au crépuscule. Ils allaient tous les deux pieds nus. Ils avaient ôté leurs chaussures et leurs chaussettes en laine maison pour traverser les rivières en chemin. Leurs lacets étaient noués ensemble et leurs chaussures pendaient à leur épaule tandis que les chaussettes leur gonflaient les poches. Ils avaient chacun un bâton de marche, et arboraient un immense sourire. Venir écouter le conteur était leur triomphe personnel. Avec ses boucles folles et ses vêtements de voyage fatigués, le *seanchaí* gratifia Mary d'histoires des îles Blasket, où elle avait vécu enfant. Ses mots se mêlèrent à la lumière et à la chaleur du foyer jusqu'à l'aube, où le coq nous rappela à tous qu'un nouveau jour commençait.

Les leçons que je recevais étaient égales dans mon esprit aussi. Qu'elles m'aient été présentées comme telles n'y est sans doute pas pour rien, mais je m'attendais surtout à ce que la vie continue de me réserver de nouvelles épreuves, et je n'avais aucun moyen de deviner quelles leçons me seraient le plus utiles. J'absorbais donc tout comme une éponge, avec gratitude.

Ce n'est qu'en grandissant que certaines ont pris un sens renouvelé, pour des raisons diverses. Les unes m'ont appris de précieuses vérités sur moi-même, des compétences et des manières d'approcher le monde qui m'ont propulsée vers mes plus grandes réussites. D'autres m'ont montré qu'on pouvait avoir une vision plus globale de la nature, voir l'impact des hommes sur elle et vivre en équilibre avec l'environnement. D'autres encore sont juste de beaux souvenirs, le genre d'expériences magnifiques qui font que la vie vaut d'être vécue, comme d'être allongée dans un lit douillet, le soleil me caressant les chevilles. Enfin il y a celles qui mêlent plusieurs raisons.

J'ai interagi avec les vestiges physiques laissés par les anciens Celtes avant de savoir réellement ce qu'ils étaient. Comme je l'ai dit, leurs autels, leurs forts circulaires, leurs cairns et autres étaient partout à Lisheens. Les gens du cru m'ont raconté que la vallée regorgeait tout particulièrement de ces sites car elle offrait une vue à la fois des montagnes et de la mer. Au fil des siècles, ces hauteurs ont fourni d'excellents points de vue pour guetter brigands et envahisseurs. Un autel bâti à Lisheens permettait de communier avec la nature dans toute sa splendeur, tout en garantissant qu'aucun assaillant ne vous y surprendrait.

Avant même ma tutelle, lors de visites dans la vallée, on m'a amenée en brefs pèlerinages sur nombre de ces sites. On me présentait l'autel comme s'il s'agissait d'une personne, dans un cadre très cérémoniel plutôt qu'informel. Mon guide commençait par s'adresser à moi avant de me présenter à l'autel, d'abord dans sa globalité puis en soulignant certaines de ses caractéristiques pour m'aider à mieux le connaître : « C'est ici qu'on tranche, ici qu'on saigne, ici que la lune touche la pierre », et enfin « Cet autel est riche de souvenirs. » Lors d'une de ces incursions, j'ai découvert que ma pierre de chagrin était aussi une pierre oghamique, un site ancien et une méthode de communication, quelque chose comme un journal ou un lieu d'échange de messages. Des caractères de l'ancien alphabet des Celtes, l'ogham, étaient gravés dans la roche calcaire. Ma pierre était spéciale à mes yeux avant même que je sache ce qu'elle était, et elle l'est devenue plus encore une fois les présentations officielles faites.

Je ressentais jusque dans ma chair une impression de familiarité au premier contact avec ces vestiges. Cela tenait de la sensation qu'on a lorsque son conjoint, un frère, une sœur ou un parent pénètrent dans la pièce où l'on se tient, avant même de poser les yeux sur eux, ce petit sentiment de familiarité dans l'air avant qu'on n'enregistre consciemment leur présence. C'était tantôt rassurant, tantôt légèrement déstabilisant tant l'étrangeté d'une puissance invisible et inconnue vibrait dans l'atmosphère. Sur l'île sacrée de Gougane Barra, à huit kilomètres au nord de Lisheens, le mur de prière né de la volonté des moines qui vivaient autrefois à l'oratoire de Saint Finbarr peut donner la chair de poule. Là-bas, j'ai constamment l'impression d'avoir une présence juste derrière moi, une présence qui n'est pas forcément animée de mauvaises intentions, car elle trouve ses origines dans le divin, la prière et le sacrifice individuel.

À la ferme, depuis la fenêtre de la cuisine, je voyais un autel auquel je n'avais pas encore été présentée. Un jour, en fin de matinée, dans cet espace malléable entre les premières corvées et le début des préparatifs du repas, Nellie peignait ses magnifiques cheveux argent quand tout à coup, comme si nous étions au beau milieu d'une conversation, elle a lancé : « Pour les femmes d'Irlande, avant que la chrétienté n'étende son manteau sur nos vies, Bealtaine était un jour très spécial. Et c'est toujours le cas ici. »

Bealtaine, m'a-t-elle expliqué, était une fête célébrée par les femmes le premier jour de mai. Ce matin-là, les femmes de la vallée se levaient avant l'aube et se rassemblaient dans le champ, devant l'autel (elle a pointé du doigt la fenêtre). Elles récoltaient la rosée sur le trèfle et se livraient ensuite à un rituel qui était, selon elle, le secret de leur beauté. Une fois le soleil levé, elles se tournaient vers l'autel.

Depuis ma chaise, je voyais qu'une longue rainure était creusée en son centre. « Quand le soleil se lève le premier jour de mai, ses rayons frappent directement ce sillon, a dit Nellie. Du noir de la nuit, un unique rai de lumière atteint l'autel et, quand il touche la pierre, on dirait que celle-ci s'enflamme. C'est le symbole de tous les feux qui nous ont aidées au fil de notre marche solitaire à travers la vie. »

Autrefois, Bealtaine était la matrice du monde celte. *Béal* signifie « bouche » et *tine,* « feu ». Ce jour-là, les gens célébraient tout ce qui vient à la vie grâce au feu du soleil. Le principe féminin — et toute la gent féminine — était fêté à cette occasion. L'autel, bien en vue depuis la table du petit déjeuner, allait bientôt prendre un sens plus personnel pour moi.

J'ignore si des lettres ont été échangées entre l'oncle Pat et Nellie. Je soupçonne que Bona aussi a reçu un courrier à Saint-Aloysius. En tout cas, j'ai été autorisée à quitter l'école pour me présenter à Lisheens en vue du premier mai. La ferme était plongée dans l'obscurité, peuplée d'ombres et d'un silence chargé d'attente. J'ai ouvert les yeux juste avant de sentir la main de Nellie sur mon bras. « Réveille-toi, Gidl. C'est le moment. » Puis elle m'a emmenée dans la pâture, pieds nus, afin qu'elle et moi puissions sentir le sol respirer sous nos pas. Je me rappelle la rosée froide qui s'insinuait entre mes orteils.

Le trèfle douteux, *Trifolium dubium,* est un trèfle à fleurs jaunes qui pousse au milieu des herbes dans les prés de toute l'Irlande. Les fermiers irlandais l'utilisent en culture de jachère depuis une époque qui précède la construction de Rome, et ses petites fleurs font la joie des abeilles. « Juste après que le feu a touché la bouche de l'autel, m'avait dit Nellie, les trèfles quittent leur état de dormance et sortent doucement de terre. »

Devant l'autel, nous nous sommes agenouillées pour attendre le soleil. Toutes les autres femmes de la vallée étaient autour de nous. Tandis que nous attendions en silence, nous avons médité en pratiquant la respiration consciente. La main doucement posée sur mon épaule, Nellie m'a montré le rythme lent et profond des inspirations.

La première lueur du matin n'était guère qu'une tête d'épingle au-dessus de la rainure de l'autel, mais la pierre tout entière fut baignée de lumière en quelques instants. Elle paraissait vibrer d'énergie. Tandis que la lumière s'intensifiait, j'ai fermé les yeux et attendu de sentir sa chaleur sur mes joues.

Au bout d'un bref moment, Nellie m'a de nouveau effleuré l'épaule. J'ai ouvert les yeux pour découvrir que, tout autour, les femmes se penchaient afin de récupérer la rosée du matin sur les feuilles de trèfle. « Eh bien, Diana, a dit Nellie, ce monde remarque indéniablement la beauté, alors ne traînons pas. »

Elle a humidifié ses mains au contact d'une plante, puis m'a montré comment appliquer la rosée. Elle commençait par des mouvements horizontaux sur son beau front, juste sous la ligne d'implantation capillaire, avant de passer aux paupières et de tapoter doucement le coin de l'œil. Puis elle s'occupait des joues, avec un mouvement circulaire. Elle se massait ensuite le menton d'un geste remontant, puis le cou, en quinze longs mouvements de la clavicule à la mâchoire. J'ai copié ses gestes puis, le visage humide, nous sommes rentrées à la ferme en souriant. Nous avons laissé la rosée sécher à l'air libre et, pendant le reste de la journée, ma peau m'a paru agréablement ferme, comme si on tirait délicatement dessus. D'après Nellie, c'est à ce rituel que les femmes de Lisheens devaient leur teint splendide.

Plus tard, je confirmerais que le *Trifolium dubium* contient bel et bien un composé biochimique utile pour les soins de beauté. Le haut de la feuille de trèfle exsude deux flavonoïdes liés, l'hespéridine et l'hespérétine, qu'on trouve plus communément dans les agrumes. La rosée matinale contient ces composés bénéfiques en solution et, quand ils sont appliqués sur le visage, ils stimulent la circulation sanguine tout en tendant légèrement la surface de la peau. La crème anti-âge de la nature, pour ainsi dire ! Ils améliorent aussi la circulation périphérique, et présentent quelques avantages supplémentaires : en augmentant l'oxygénation de l'œil, ils améliorent la vue, notamment chez les diabétiques. Enfin, la respiration consciente collective est une forme de méditation qui permet de diminuer le niveau de cortisol, l'hormone du stress.

À l'époque, toutefois, je n'avais pas besoin de tout comprendre à Bealtaine pour en tirer un grand bonheur. Ce moment avec Nellie, la communion silencieuse avec les autres femmes, l'attente détendue, la fraîcheur de la rosée sur mon visage et la splendeur du lever de soleil embrasant l'autel et les collines, tout cela me suffisait. Cette journée est restée dans mon esprit comme une source de joie et de complicité féminine.

6

L'épreuve du champ

D'après les Irlandais, la route est moins longue quand on rit. Pat Lisheens en était bien conscient. C'était un homme extrêmement loyal, resté célibataire car celle qu'il aimait dans sa jeunesse avait choisi d'en épouser un autre. Il me l'a désignée une fois, à la messe, et m'a murmuré son nom. Elle était très jolie. Il travaillait dur et demandait seulement que la terre sur laquelle il trimait jour et nuit lui donne en échange le nécessaire pour vivre. Et, Dieu qu'il était drôle !

Son humour évoluait au fil de la journée, voire des heures. Il pouvait faire preuve d'un esprit vif, acide, et répondre par des piques moqueuses à tout ce que Nellie et moi disions ou faisions. Il avait deux langues avec lesquelles jouer : le gaélique et l'anglais. C'était un maître des phrases à double sens, une manie très irlandaise. Le plus souvent, toutefois, il se délectait de jouer l'*amadán,* l'idiot, et feignait la bêtise pour nous divertir. Assis à la table de la cuisine, il prenait par exemple une fourchette et s'étonnait : « Ah, bah, à quoi ça sert, ça ? Je suis censé faire quoi avec ? » Et c'était drôle. Quelque chose dans le ton qu'il employait nous faisait pouffer à ses blagues les plus simples et les plus bêtes, à en tomber de notre chaise.

Un été, j'ai repiqué tous les semis avec lui, et nous avons ri d'un bout à l'autre du champ. Jamais il n'avait l'air harassé, quel que soit le nombre d'heures de labeur dans sa journée, et grâce à la gaieté qui pétillait dans ses yeux et étirait les commissures de ses lèvres, c'était toujours une joie de travailler avec lui. Il abordait toutes les tâches décourageantes comme une partie de plaisir, et la route me paraissait toujours moins longue avec lui. En sa compagnie, j'étais prête à m'embarquer pour des destinations que je n'étais pas certaine d'atteindre.

Une longue marche en pierre courait sur toute la largeur de la maison et de l'étable. Cette saillie permettait de surveiller les champs. Debout sur la marche, j'avais les vergers, avec les pommiers, les poiriers et les cerisiers nains à ma droite, et devant moi les pâtures et les champs de céréales qui descendaient en pente douce vers le cœur de la vallée, où les courlis entonnaient leur chant mélancolique. Les champs, séparés par des haies d'ajoncs, des fossés ou des murs de pierre bas, faisaient tous plus ou moins un hectare et portaient tous un nom. Le *gairdín,* ou « jardin », offrait l'herbe la plus belle et la plus verte de toute la ferme, et c'est là qu'on menait paître les animaux avant de les traire. Plus loin s'étendait le pré de fauche, entouré de noisetiers (du genre *Corylus*). Ils ne dépassaient pas les trois mètres de haut, et leur tronc s'épaississait avec l'âge pour créer une barrière vivante et dense autour du foin. À la droite du pré de fauche se trouvait le Droim, ainsi nommé car il évoquait le dos d'un immense animal qui se serait installé dans la vallée pour se reposer. Là poussaient des céréales, et la haie regorgeait de mûres et de framboises.

À la fin d'un des premiers étés de ma tutelle, perchée sur cette marche en fin d'après-midi, j'ai vu Pat se gratter la tête d'un air consterné. Je me suis dépêchée de le rejoindre tandis qu'il examinait l'étendue dorée d'orge qui couvrait le Droim, les épis ployant sous le soleil d'août. Il m'a adressé un sourire et m'a doucement pressé le bras, mais une inquiétude inhabituelle creusait ses traits. Je lui ai demandé ce qui n'allait pas. « Rien d'ingérable, Gidl », a-t-il répondu.

Pat a longé le champ et y a prélevé quelques épis. Il est revenu vers moi en les faisant rouler dans sa grande main pour en détacher les grains. Il les a entamés de l'ongle du pouce, et une farine blanche s'est répandue dans sa main. L'orge était mûre. C'était une bonne chose, je le savais, et je lui ai souri, enthousiaste.

« Ah, pas si vite, Gidl, a-t-il dit en secouant lentement la tête. Le tracteur est en panne, à Kealkill. Il ne sera pas réparé à temps. »

Pat ne possédait pas son propre tracteur. Quand il en avait besoin, pour moissonner par exemple, il s'arrangeait avec un homme qui lui prêtait sa machine. Si celle-ci était en panne, il faudrait faucher l'orge à la main, et au plus tôt pour éviter qu'elle ne se gâte. Le Droim était un champ de deux hectares, l'un des plus grands de la ferme. Normalement, face à pareille urgence, Pat aurait fait appel à ses voisins pour l'aider, mais la vallée entière était occupée à la moisson ; tous les autres fermiers et les manœuvres avaient du travail.

« Je vais t'aider », ai-je proposé.

Le sourire de Pat est revenu, plus large qu'avant, et son regard a pétillé de sa joie habituelle. « Pour sûr, Gidl, va falloir ! » Il m'a tapoté l'épaule en riant et s'est retourné vers le champ. « *Faoi mhaidin* », a-t-il ajouté. On commence demain matin.

La rosée étincelait à nos pieds sur le chemin du Droim le lendemain. Pat portait sa faux et sa pierre à aiguiser. J'avais mes deux mains, et un dos jeune et volontaire. Il a commencé par couper un carré, puis m'a montré comment lier les gerbes et les disposer en moyettes pyramidales afin de maintenir les épis loin du sol et de permettre à l'orge de sécher à l'air et de se conserver. J'ai hoché la tête, et on s'est lancés en prenant une grande inspiration.

Dans le sillage de Pat, qui avançait avec d'amples mouvements circulaires, je rassemblais les gerbes et formais les moyettes. Pat était sûr de lui et travaillait vite. Je peinais à tenir le rythme, alors je m'inquiétais à l'idée de prendre trop de retard et de le décevoir. À midi, mon dos implorait pitié sous le soleil, haut et chaud dans le ciel, mais mes mains étaient devenues expertes. Je restais penchée, ignorant la douleur qui me poussait à m'allonger ou au moins à me redresser, et je regagnais du terrain quand Pat s'arrêtait pour affûter sa faux. On n'a fait qu'une seule pause, dans l'après-midi, pour boire un thé et engloutir une tranche de pain beurré. À dix-huit heures, lorsque l'angélus a sonné depuis l'église de Kealkill, seul un petit carré d'orge se dressait devant nous. On avait terminé avant le crépuscule. Une fois la dernière moyette assemblée, on est rentrés à la ferme au milieu des ombres grandissantes. C'est à peine si Pat a pu lever les bras pour accrocher sa faux dans l'étable. À la cuisine, Nellie nous attendait avec un dîner tardif. On s'est affalés sur nos chaises, épuisés mais triomphants.

Cette « épreuve du champ » ne figurait pas au programme de mon éducation celtique, mais elle m'a valu la leçon la plus précieuse de toute ma vie. En contemplant le champ ce matin-là, il me paraissait impossible de réussir à le faucher dans la journée. La tâche était immense, et j'étais trop petite. Mais parce que j'aimais Pat, la ferme et le Droim, parce que j'aimais cette orge et que je ne supportais pas l'idée qu'elle se perde, j'étais prête à essayer. J'ai donc pris une profonde inspiration, fait un premier pas, et tous deux m'ont amenée à découvrir que j'étais capable de bien plus que je ne l'imaginais. Je crois que tous les enfants devraient vivre une expérience de ce type, quelque chose qui les mette sur une voie dont ils ne distinguent pas le bout, par amour d'eux-mêmes, des autres et du monde. En arrivant enfin à destination, ils comprendraient, comme je l'ai fait, qu'on peut accomplir l'impossible si on accepte de faire ce premier pas et d'y mettre toute son énergie. Là, comme moi, ils sauront qu'ils sont capables de tout.

7

Où sont les arbres ?

Je ne me rappelle pas au juste quand j'ai remarqué que les arbres manquaient à l'appel dans le paysage de Lisheens. Un jour, je me suis innocemment enquise des chênes irlandais auprès de Nellie en lui disant que je n'en avais jamais vu. Elle m'a fait une réponse étrange : il y avait une avenue de chênes irlandais à Glengariff, que la reine Victoria avait plantée devant son pavillon de chasse. J'ai réfléchi à cette information et l'ai reliée au fait que la famille de mon père possédait des forêts en Irlande, en Angleterre, en France, ainsi qu'en Arizona et au Nouveau-Mexique. Les gens riches et importants avaient encore des forêts, mais pas les gens ordinaires ? Je n'ai jamais demandé à Nellie où étaient passées les forêts irlandaises. Avec le recul, je me rends compte que j'avais la réponse sous les yeux, dans le paysage, les gens et la cruauté des pages de l'histoire.

Dès ma première sensibilisation aux arbres — avec le docteur Barrett à l'arboretum de Belgrave Place —, ils m'ont enchantée. Ceux que je connaissais étaient les êtres les plus merveilleux et les plus fiables qui soient, et j'avais hâte d'en rencontrer d'autres et d'en apprendre sur chacun d'eux. Je cherchais les arbres partout où j'allais, mais je n'en croisais en général que si mes parents me traînaient avec eux en visite auprès de connaissances sur un domaine anglais. La rareté des arbres dans le paysage irlandais ne me paraissait toutefois ni bizarre ni de mauvais augure. J'étais enfant, et pour moi la situation était normale. C'était même la preuve que les arbres avaient quelque chose de spécial. Je ne savais pas que l'Irlande n'avait pas toujours été si déboisée.

Quand on m'a présenté ma pierre de chagrin et que j'ai appris son identité et son usage, j'ai eu mon premier aperçu de l'alphabet oghamique. Dans l'Antiquité, les druides gravaient des messages sur les flancs de ces grosses pierres rectangulaires en utilisant un alphabet créé par un jeune Celte du nom d'Ogma. Ma pierre de chagrin était couverte de ces caractères faits de lignes parallèles et croisées. Certains étaient devenus illisibles au fil du temps et des intempéries, mais on distinguait encore très bien la plupart d'entre eux. Parfois, quand j'avais fini de contempler les collines et la mer, quand la nature m'avait lentement calmée et que les larmes non versées avaient reflué, je me tournais vers l'étude de la pierre, cet objet antique qui m'avait apporté tant de réconfort. Au début, toute seule, je ne comprenais rien aux caractères, mais j'ai un jour trouvé le courage de poser la question à Nellie (c'était avant le début de mes leçons), qui m'a parlé de l'écriture des vieux Celtes.

L'alphabet oghamique compte vingt lettres, et la plupart d'entre elles portent le nom d'un arbre. Nellie a tracé chacune du doigt sur la table de la cuisine en la nommant pour moi, d'abord en gaélique, puis en anglais. *Ailm,* le pin. *Beith,* le bouleau. *Coll,* le noisetier. *Dair,* le chêne — pour lui, elle marqua une pause, par respect pour l'arbre préféré des druides. *Eabha,* le peuplier. *Fearn,* l'aulne. *Gort,* le lierre. *Huath,* l'aubépine. *Iúr,* l'if. *Brobh,* le jonc. *Luis,* le sorbier. *Muin,* la ronce. *Nion,* le frêne. *Aiteann,* l'ajonc. *Úll,* le pommier. *Ruis,* le sureau. *Sailí,* le saule. *Tinne,* le houx. *Úr,* la bruyère. Et enfin *straif,* le prunellier (je parle plus longuement de chaque lettre, de son arbre ou de sa plante et de son usage dans la deuxième partie de ce livre).

Le rythme régulier des mots de Nellie et le mouvement de son doigt sur le bois de la table m'ont fait l'effet d'une incantation. Emportée par la magie de l'instant — l'impression qu'elle invoquait une forêt tout entière, prête à apparaître —, je ne me suis pas étonnée qu'Ogma ait connu le nom d'arbres qui ne poussaient pas en Irlande. Au lieu de demander à Nellie où les *ollúna*, ces druides experts, avaient rencontré les pins et les chênes de leur alphabet, ou encore où étaient passés les peupliers et les aulnes de la culture celte, je l'ai simplement remerciée. Les arbres sont si majestueux qu'il m'a paru évident qu'on s'en serve pour bâtir une langue. Ça tombait sous le sens.

Mais bien sûr, la réponse à mon énigme tenait au fait que l'Irlande avait été déboisée. La déforestation avait réellement commencé à l'époque des Lois pénales, ces cinq cents ans d'occupation anglaise dont ma mère m'avait donné un aperçu avec l'histoire du prêtre franchissant d'un bond le col de Keimaneigh. Les Celtes étaient un peuple forestier, dont la culture était issue des forêts ombrophiles de feuillus qui couvraient autrefois l'essentiel du territoire. Quand les Anglais ont soumis les Irlandais, ils ont coupé ces vieilles forêts pour le bois de charpente que réclamaient leurs chantiers navals et le charbon dont avait besoin leur industrie, pour effacer de la carte des endroits comme Lackavane, où les Irlandais pouvaient se cacher, se rassembler, planifier et lancer des contre-attaques, et enfin pour trancher le lien le plus tangible entre les Celtes et leur langue, leur culture.

En application des Lois pénales, les Irlandais n'avaient pas le droit de posséder d'arbres, ni même certaines graines. Dans les faits, ils n'étaient autorisés à cultiver que des pommes de terre pour se nourrir. Aucun de mes professeurs de Lisheens — pour la plupart octogénaires, voire nonagénaires — ne devait avoir vu beaucoup d'arbres dans sa longue vie. Dans la vallée, le houx et les noisetiers poussaient bas et larges, comme autant de buissons. La connaissance des plantes, qui m'a été transmise quand j'étais enfant, je l'ai appris par la suite, avait manqué d'être annihilée bien avant ma naissance, et s'était peu à peu reconstituée. Elle ne contenait que d'infimes vestiges de la sagesse celtique concernant les arbres et leurs usages. Comment en aurait-il été autrement ? Il n'y avait pas d'arbres pour apprendre. Ou si peu.

Dans toute la vallée de Lisheens, il n'en restait qu'un. Par le plus grand des hasards, cet unique rescapé des grandes forêts d'Irlande se dressait dans la cour de la ferme de Nellie. Il s'agissait d'un frêne commun, *Fraxinus excelsior,* qu'on avait dû laisser pousser en paix pendant des centaines et des centaines d'années. C'était un arbre énorme. Son feuillage s'étendait jusqu'au-dessus de l'étable à vaches et montait si haut dans le ciel qu'il dépassait le haut de la colline noire et qu'on le voyait bouger dans le vent depuis la lointaine baie de Bantry. Comment ont-ils pu garder ce frêne ? Je n'en sais rien : l'idée ne m'était pas venue de poser la question quand j'étais enfant. L'existence de cet arbre s'imposait d'elle-même. La maison était là, les vaches, le sol, et l'arbre aussi. Je regrette de ne pas avoir pensé à demander : que fait cet arbre ici ? Pourquoi celui-ci et aucun autre ?

J'ai toujours considéré ce frêne comme celui de Nellie, non pas au sens où elle en était propriétaire, mais au sens où il était son pupille. Elle sortait dans la cour de la laiterie, se plaçait dans l'ombre immense de cet arbre et entrait en méditation. En les regardant par la fenêtre, depuis la marche ou non loin de là depuis la cour, j'avais l'impression qu'ils se parlaient, qu'une forme de télépathie les reliait. Nellie finissait par ouvrir les yeux et secouer la tête pour sortir de sa transe. Revigorée, elle frottait un grain de farine invisible sur sa jupe tricotée main et se mettait à ma recherche. Elle passait son temps à me chercher.

Plus tard, j'ai fini par mieux comprendre cette communion entre Nellie et le frêne. Dans l'esprit des druides, les arbres sont des êtres sensibles. Les Celtes n'étaient pas les seuls à penser ainsi : bon nombre de civilisations antiques qui vivaient dans les vastes forêts primaires du passé partageaient cette conception. Les Celtes croyaient qu'on percevait plus intensément la présence d'un arbre la nuit ou après une pluie violente, et que certaines personnes étaient davantage à l'unisson des arbres et mieux capables de les sentir. Le terme *mothaitheacht* désigne cette sensibilité à la conscience des arbres. Elle est décrite comme la sensation d'une énergie ou d'un son qui vous traversent la poitrine. Il est possible que cette notion de *mothaitheacht* soit une expression ancienne d'un concept relativement nouveau en science : les infrasons, ou sons « muets ». Il s'agit de sons situés sous le seuil de perception de l'oreille humaine, des sons qui parcourent de vastes distances au moyen de longues ondes élastiques. Elles sont produites par les grands animaux, comme les éléphants, et par les volcans. Et on en a mesuré qui émanaient de grands arbres. Les enfants entendent parfois ces sons, et je pense que Nellie était capable de les percevoir et même, dans une certaine mesure, de les interpréter.

Le frêne de Nellie était un *bile,* un arbre sacré dont les druides médecins avaient tiré de nombreux remèdes. Elle conservait une part de ce savoir et, après avoir médité — et m'avoir trouvée —, elle ramassait soigneusement la moindre brindille. De cette façon, l'espace autour de l'arbre vivant était toujours propre et net.

L'été de mes quinze ans a été marqué par un changement météorologique radical. Juin et juillet avaient été très secs. Peu après mon anniversaire, fin juillet, la pluie est arrivée. En irlandais, le terme *báistí* décrit un désastre agricole au cours duquel des pluies violentes inondent les champs, noient les cultures et laissent les tourbières détrempées. C'est ce qui s'est produit cette année-là. Quand le déluge a enfin cessé, après plusieurs jours, Pat Lisheens avait hâte de se rendre à la tourbière. Il fallait couper la tourbe et la faire sécher pour chauffer la ferme pendant les mois d'hiver.

L'épreuve du champ avait confirmé la joie et la satisfaction que j'avais à aider Pat. Lorsque je l'ai découvert ce matin-là, perché sur sa carriole chargée de sacs en sisal et de la bêche un peu particulière destinée à couper la tourbe, le *sleán,* j'ai grimpé avec enthousiasme à ses côtés. Nous nous sommes engagés sur l'allée, bordée de houx des deux côtés, nous avons passé le vieux puits en ardoise et traversé des champs pour enfin nous arrêter près des joncs humides le long de l'étroite bande de tourbière.

On coupe la tourbe en rectangles, comme de grandes briques. Le coupeur laisse derrière lui un mur de prélèvement vertical. Dans la tourbière de Pat, celui-ci faisait plus de deux mètres cinquante, et la tranchée à sa base était pleine d'une eau noire et trouble surmontée d'une couche huileuse irisée. Alors qu'il y descendait et s'y enfonçait jusqu'aux genoux, il m'a expliqué que cette tourbière était particulièrement dangereuse. « Plus d'un animal s'est noyé ici, Gidl, alors fais attention », m'a-t-il recommandé.

Mon rôle consistait à rester sur le mur de découpe pour récupérer les tranches de tourbe que Pat prélevait à l'aide de son *sleán,* à les retourner afin qu'elles dégorgent un peu et à former une série de pyramides de quatre briques pour leur permettre de sécher. Je devais vérifier que chaque pyramide était bien stable, capable de résister au vent, et Pat reviendrait plus tard retourner les briques pour que chaque face bénéficie de l'ensoleillement estival. Ce jour-là, il prélevait la tourbe la plus dense, celle qui se trouvait au fond, précieuse parce qu'elle brûlait plus lentement. Ces briques-là se comportaient un peu comme du charbon.

Nous étions à l'œuvre depuis peu quand le *sleán* a heurté un obstacle. Pat en a d'abord tracé les contours à l'aide de la bêche, puis il a dégagé le mystérieux objet, l'a ramassé et l'a laissé tomber à mes pieds, au sommet du mur. C'était une masse sombre, malodorante et trempée, d'où suintait un liquide brun. Pat l'a retournée puis, levant les yeux, a éclaté de rire devant ma mine perplexe.

« Eh bah, Gidl, devine un peu ce que c'est. »

Je me suis agenouillée pour examiner la chose. J'aurais aimé qu'il s'agisse d'un crâne, mais ça ne semblait pas être le cas. « Ça n'est pas un crâne. La forme ne colle pas.

— Cette chose, là, c'est le duramen d'un vieux chêne irlandais, a expliqué Pat. Et je suis prêt à parier qu'il vient d'un arbre qui poussait aux débuts de la cour de Tara, il y a deux mille ans. On appelle ça du chêne de tourbière, un matériau très apprécié des sculpteurs. Gidl, tu as sous les yeux tout ce qui reste des grandes forêts irlandaises. »

On m'avait déjà parlé de l'occupation anglaise et de la perte des arbres, mais j'en découvrais à mes pieds la première preuve. La preuve que non seulement l'Irlande avait autrefois été boisée — une confirmation époustouflante en soi —, mais aussi que des êtres humains étaient responsables de sa déforestation. Les modifications de la nature ne se limitaient apparemment pas aux changements de saison, et le paysage de Lisheens n'était pas figé, contrairement à ce que je pensais. Les arbres et les plantes, ces êtres qui me fascinaient, pouvaient tout bonnement disparaître, et des gens avaient tristement œuvré en ce sens.

J'étais si bouleversée que je me suis assise sur place, et le duramen a laissé une longue trace brune sur ma jambe. Pat, qui avait repris le travail dans la tranchée, ne m'a pas vue contempler la tourbière, puis me retourner vers la ferme en essayant de toutes mes forces de faire revenir les arbres. Les larmes aux yeux, je n'arrivais plus à parler. « Pat, ai-je enfin dit. Imagine un peu comment c'était ici quand il y avait des forêts ! »

Sa réponse m'est parvenue depuis les profondeurs de la tranchée avec la vivacité dont il faisait toujours preuve : « Ah, Gidl, c'est plus difficile encore à imaginer d'où je suis. »

8

Un devoir de vigilance

Au début de ma tutelle brehonne, mes professeurs à Lisheens ne savaient même pas combien de temps durerait cet arrangement. Ils s'en rapportaient simplement à la triade celtique : nourrir le corps, l'esprit et l'âme. Une fois certains que « la Gidl, la *leanbh,* avait bien progressé », ils ont décidé que j'avais absorbé le savoir antique — y compris une aptitude pour la télépathie interne — nécessaire pour me protéger en tant que femme. À la fin du troisième été, j'avais suffisamment surmonté mon deuil pour rire aux meilleures blagues de Pat Lisheens. Je pouvais enfin « marcher seule ».

Étonnamment, je me sentais tout à fait prête à m'assumer. À presque seize ans, je devenais indépendante. Je gérais la maison à Cork depuis deux ans tout en allant à l'école. Les anciens de Lisheens m'avaient prodigué la chaleur de leur amour pour stabiliser ma vie et me donner du courage. De plus, le juge et mes avocats avaient décidé que je pouvais vivre avec l'oncle Pat jusqu'à mes vingt et un ans. Même si le couvre-feu demeurait effectif, je parvenais à repousser dans un coin de mon esprit ma terreur de finir à la blanchisserie de Sunday's Well, une idée qui revenait toutefois me hanter de temps en temps. L'oncle Pat avait appris à me faire confiance. Je laissais toujours un mot sur la table de la cuisine indiquant le nom et l'adresse des amis à qui j'allais rendre visite. Le respect qui avait grandi entre nous semblait se muer en affection. Les sœurs de Saint-Aloysius s'occupaient particulièrement de moi ; leur prévenance me protégeait aussi. Les enseignants de l'école d'art de Cork m'avaient acceptée comme l'une de leurs étudiantes les plus appliquées. En plus de tout cela, j'avais appris à concevoir et à coudre mes propres vêtements. Bref, j'avais retrouvé une saine stabilité.

Ce à quoi je ne m'attendais pas, et que je ne comprendrais que beaucoup plus tard, c'est que je me sentais également prête à m'occuper d'autre chose que de moi-même. Après avoir appris que j'avais de la valeur telle que j'étais, sans rien avoir à prouver, je n'avais qu'un pas à faire pour appliquer le même principe à autrui, et un de plus pour comprendre que tout dans le monde naturel possédait une valeur innée et que je devais en prendre soin autant que de moi-même et de ceux qui m'étaient chers. Cette conviction qu'on doit aimer les autres et la nature autant qu'on s'aime est au cœur même de la philosophie celtique. Elle m'avait été inculquée avec chaque leçon. Je peux affirmer aujourd'hui, après des années passées à poser sur le monde un regard teinté d'ajoncs, de bruyère et de brise marine, que je n'imagine pas de principe plus joyeux et enrichissant.

Bien sûr, aimer les arbres comme les gens ne nécessitait pas tout à fait la même foi que le bond par-dessus le col de Keimaneigh. Après tout, les arbres comptaient parmi mes plus vieux amis, et je soupçonne que c'est le cas à un degré ou à un autre pour pas mal de gens. Il n'est pas difficile d'aimer des êtres si immenses et magiques. Emmenez un enfant dans les vieilles forêts de séquoias qui se trouvent dans l'ouest de l'Amérique du Nord et dites-moi qu'ils n'ont pas une réaction d'amour. Ce qui vient moins spontanément, c'est ce que j'ai compris pour la première fois dans la tourbière : l'idée que les actes des hommes peuvent avoir un impact majeur sur le monde naturel et que, en conséquence, chacun de nous porte la responsabilité de prendre soin de tout ce qui nous entoure.

Les Celtes ont intégré cette responsabilité dans leur culture. Lors de notre première promenade à la découverte des plantes médicinales, Nellie m'a appris la règle fondamentale à respecter lorsqu'on récolte les richesses de la nature : toujours en laisser suffisamment pour la septième génération. J'ai acquis la conviction (renforcée, plus tard, dans les rayons de la bibliothèque de médecine de l'université de Cork) que les Celtes et bon nombre d'autres populations de l'Antiquité ont tiré cette leçon d'une crise survenue en Grèce. À l'époque du Christ, une variété d'*Umbelliferae* (la famille du céleri, du persil et des carottes) poussait dans des secteurs bien définis de cette région méditerranéenne. Après avoir été préparée, probablement en décoction, cette plante inhabituelle, un fenouil géant, servait de contraceptif. Surexploitée, cette ressource a disparu, provoquant une explosion des naissances qui a énormément pesé sur la production agricole et causé des pénuries alimentaires et diverses privations. Pour s'assurer que rien de tel ne se reproduise, il fallait un avertissement oral. La règle dite « de la septième génération » est justement l'un de ces avertissements, un rappel que d'autres générations suivront et qu'elles auront elles aussi besoin de ce que nous offre la nature. Il s'agit d'une mise en garde contre l'avidité et l'accumulation inutile de biens, qui définissent notre société moderne et en sont le moteur.

À la fin de ce troisième été, Nellie m'a emmenée au cabinet de l'infirmière, madame Creedon, près de l'église de Kealkill. Quand nous sommes arrivées, il y avait là tous les gens de la vallée qui avaient contribué à mon éducation au cours de ma tutelle. C'était ma cérémonie de fin d'études.

Au milieu de la salle et des visages de toutes ces vieilles personnes chères à mon cœur, je me suis sentie enveloppée d'amour, baignée dans une chaleur inouïe. J'étais capable de tout réussir, une certitude dont j'aurais besoin plus tard.

Mary Cronin était là pour mettre un point final à ma tutelle en se penchant sur mon avenir. Mary était la prophétesse locale : le don de clairvoyance se transmettait dans sa famille. J'avais toujours eu peur qu'elle examine mon avenir, terrifiée par les horreurs qu'elle risquait d'y voir étant donné ce que j'avais déjà vécu. Je ne voulais pas qu'on m'annonce encore des décès. Ce jour-là, toutefois, entourée de mes professeurs, j'étais prête.

Mary m'a dit beaucoup de choses. Que j'épouserais un homme qui me défendrait comme un lion (je peux confirmer que mon mari, Christian, correspond tout à fait à ce portrait). Elle m'a décrit la maison en Ontario que Christian et moi partageons depuis près d'un demi-siècle (une maison « dans un pays de lacs et d'arbres toujours verts »). Elle m'a dit que je « grimperais les échelons du succès » et que je saurais quand j'aurais atteint le sommet, et que je me mettrais à l'écriture à l'âge mûr, ce que j'ai fait. Elle a aussi décrit bon nombre des expériences les plus belles et inexplicables de ma vie, dont certaines en lien avec les Premières Nations, en précisant que j'étais « la femme protégée par l'aigle royal ». La plupart de ses prédictions se sont réalisées bien que, ayant vécu une vie très simple, je sois encore gênée par cette idée de « succès ».

Il s'agissait des visions liées à son don de clairvoyance. Alors qu'elle approchait de la fin, elle a ouvert les bras pour englober toute la salle, et j'ai compris qu'elle m'indiquait ainsi que ses derniers mots venaient de tous les présents, de toute la vallée et de la tradition celte.

« Diana, tu as reçu une charge sacrée, a-t-elle dit d'une voix brisée par l'émotion. Nous sommes vieilles, nous ne vivrons pas éternellement. À notre mort, tu seras la dernière voix de l'ancienne Irlande. Il n'y en aura plus après toi. »

Je ne devais pas me soucier du poids de cette responsabilité, m'a-t-elle assuré. Je descendais des rois de Munster, et mon grand-père était le juge brehon Daniel O'Donoghue. J'étais prédisposée à détenir et à sauvegarder le savoir celte que ma famille avait protégé, de la même façon que ce savoir me protégerait, mais j'avais aussi une mission.

« Il faut que tu apportes ces connaissances au nouveau monde, Diana, insista-t-elle. La jeunesse irlandaise y reste sourde, aveuglée par les objets de son désir. De l'autre côté de l'océan, les gens auront soif un jour de ce savoir ancien et comprendront qu'il s'agit du seul moyen de les sauver et de sauver le monde. Il suffit d'attendre qu'ils soient prêts à le recevoir. Tu reconnaîtras ce moment. »

9

La science des savoirs ancestraux

J'ai rangé dans un coin de mon esprit les paroles de Mary Cronin, cette prophétie alléchante mais pour l'heure très abstraite. Je n'avais que seize ans à la fin de ce dernier été, je n'étais pas débarrassée du juge et des avocats, et encore moins libre de quitter l'Irlande en quête du véritable but de ma vie.

J'avais changé par rapport à la petite orpheline que j'étais trois ans plus tôt. Je m'étais fortifiée au contact du savoir ancestral de Lisheens mais, si le reste de ma vie s'était amélioré, j'étais encore terriblement seule, et passer du sentiment de chaleur et d'appartenance que j'éprouvais dans la vallée à mon existence essentiellement solitaire en ville à la fin de cet été-là fut une expérience douloureuse. Sauf que, désormais, quand je me demandais pourquoi tout cela m'était arrivé, j'avais une réponse. Mary Cronin et les femmes de Lisheens m'avaient assuré qu'il y avait une raison. J'avais été choisie pour m'acquitter d'une tâche cruciale, et je me rendais compte que je devais m'accommoder des épreuves qui l'accompagnaient. J'en vins donc à accepter ma solitude et mon isolement face à mes camarades de classe comme quelque chose de normal, ou peut-être le fardeau indissociable du cadeau incroyable qu'on m'avait fait. L'admettre me fut un véritable réconfort et me donna la permission de montrer ma véritable personnalité. Puisque je ne contrôlais pas les sentiments que j'inspirais à qui que ce soit, pourquoi aurais-je dû dissimuler mon intelligence ou tout autre aspect de moi-même de peur de mettre les autres mal à l'aise ? Les mathématiques étaient ma poésie, les livres, ma nourriture, et la science, mon oxygène. Et je me fichais désormais qu'on le sache.

J'ai continué d'apprendre les mathématiques au rythme effréné que j'appréciais auprès du professeur que la directrice avait fait venir pour moi, et je suis passée à un niveau universitaire alors que j'étais encore à Saint-Aloysius. Ces cours particuliers étaient un secret de polichinelle. Aucune de mes camarades et de mes professeures habituelles ne les évoquait devant moi, et les notes excellentes que j'avais dans toutes les matières ne provoquaient aucun commentaire. L'oncle Pat laissait mes bulletins sur la table sans les ouvrir, de même que les factures d'eau, de chauffage et d'électricité, jusqu'à ce qu'ils finissent à la poubelle, toujours intacts.

Ma réputation croissante d'excellence scolaire m'a enfin amenée à avoir une vie sociale hors de la bibliothèque de l'oncle Pat, même s'il ne s'agissait dans un premier temps que de simples transactions. Des filles sont progressivement venues me voir dans le vestiaire de l'école, où j'aimais m'installer pour lire. Elles cherchaient de l'aide dans les matières où elles avaient des difficultés. Je leur donnais des conseils pour les dissertations en anglais et en gaélique, ainsi que des explications concernant des concepts mathématiques ou scientifiques. J'étais la tutrice dissimulée derrière un voile de gros manteaux, de bonnets et d'écharpes. « Va voir Diana dans le vestiaire. Elle te donnera un coup de main. »

L'oncle Pat avait beau se moquer de mes notes, il demeurait très intéressé par ce que j'apprenais réellement. En plus des idées et des images que nous dénichions et partagions au milieu des trésors que recelait sa bibliothèque, j'apportais des découvertes toutes fraîches de l'extérieur. J'avais grand plaisir à voir un détail qui avait frappé mon imagination lui faire le même effet, et cet échange — qui formait le socle de notre relation — continuait d'approfondir le lien entre nous. À cette époque, j'ai commencé à gagner de l'argent en acceptant des travaux de couture et en concevant et produisant des affiches pour des événements locaux, comme des bals. J'employais ce revenu supplémentaire à l'achat de meilleurs produits alimentaires, même si l'oncle Pat n'avait pas l'air de le remarquer — pas comme il remarquait une idée neuve, du moins.

Je consacrais donc mes journées à l'école et aux tâches ménagères dans la maison de Belgrave Place. L'oncle Pat et moi partagions souvent le dîner, puis un temps de lecture en compagnie de l'autre, et la plupart de mes moments libres étaient dédiés à l'art. J'ai pris mes peintures à Lisheens au cours des cinq ou six étés que j'ai encore passés là-bas après ma tutelle avant de quitter l'Irlande. Quand Pat Lisheens n'avait pas besoin de mon aide, je descendais à la rivière, l'Owvane, ou j'allais à Ballylickey à vélo avec mes pinceaux, mes peintures, un bocal vide pour l'eau et quelques chiffons. Je m'asseyais dans l'herbe et je peignais toute la journée. La maison de Nellie croulait sous mes œuvres. J'en ai présenté quelques-unes à des concours quand j'avais quinze ou seize ans et j'ai gagné une bourse d'études à l'école des beaux-arts de Londres, la Slade School, mais craignant de mourir de faim en tant qu'artiste, je n'y suis pas allée. J'ai toutefois continué de prendre des cours à l'école d'art de Cork. Chaque jour, après la dernière sonnerie à Saint-Aloysius, je m'y rendais pour travailler sous la férule de monsieur Teigen, jusqu'au moment où je devais me dépêcher de rentrer pour respecter mon couvre-feu.

La peinture m'a appris à porter un certain regard sur le monde en général, et sur la nature en particulier. Elle m'a appris à absorber la beauté qui m'entoure et à remarquer des détails infimes. J'ai découvert une multitude de choses sur la structure des différentes feuilles en m'efforçant de les recréer sur le papier, et autant sur les arbres, les herbes et tout ce sur quoi je posais les yeux, jusqu'à la tige d'une pomme dans un bol sur la table de Nellie. Ma pratique artistique a aussi alimenté ma créativité, chose que l'oncle Pat encourageait lui aussi. Il ignorait peut-être qu'une petite fille a besoin de manger puisqu'il prêtait lui-même très peu d'attention à ces contingences, mais il m'a élevée pour que je devienne intellectuellement indépendante, que je tire mes propres conclusions et que je résiste aux contraintes par lesquelles d'autres tentaient d'entraver ma réflexion. D'après Albert Einstein, le plus grand don que peut posséder un scientifique, c'est son imagination. Il avait entièrement raison. Nous pouvons nous libérer des exigences et des attentes des autres, mais nous restons esclaves des limites de notre puissance créative. Impossible de s'élancer sur un nouveau territoire intellectuel si l'on n'est pas d'abord capable de l'imaginer. Ce don de rêver et d'aller plus loin qu'il ne semble possible, je l'ai reçu grâce à l'art et chez l'oncle Pat.

Quand j'ai quitté Saint-Aloysius, je m'étais fait deux amies proches, mais je n'étais toujours pas invitée aux fêtes, qui allaient de pair avec l'arrivée des garçons dans la vie de mes camarades. Mon nom persistait à m'isoler, de même que ma situation financière. À la différence de bon nombre de filles de Saint-Aloysius, par exemple, l'oncle Pat et moi n'avions pas de résidence secondaire près de la mer, à Crosshaven. Mon intelligence me mettait aussi à part, tout en faisant de moi un sujet de curiosité.

Néanmoins, une fois le lycée derrière moi et les réalités de la vie adulte devant, les perspectives que m'ouvrait mon intelligence ont commencé à attirer plus de gens vers moi. Je me rappelle en particulier un groupe de six filles dont j'ai fait la connaissance à cette époque. Ce n'étaient pas des amies proches, mais elles m'invitaient tous les mardis soir à prendre le thé et à manger des gâteaux. Aucune d'elles ne comptait aller à l'université. Elles n'avaient pas vingt ans, et elles entraient dans le monde du travail.

Pour ma part, il était prévu que j'aille à l'université de Cork, ce qui me valait leur admiration. Elles m'appréciaient aussi parce que je ne tirais aucun orgueil ni sentiment de supériorité de cet avenir universitaire. C'est le premier groupe social de gens de mon âge auquel je me suis intégrée, et le fait qu'elles ne toléraient pas simplement ma présence mais qu'elles la recherchaient me rassura : j'avais fait le bon choix en décidant de laisser paraître ma vraie personnalité au mépris des conséquences. Deux ans plus tard, elles étaient toutes mariées et commençaient à faire des enfants. Je continuais d'aller les voir quand je le pouvais, mais mon projet de vie ne ressemblait pas au leur (c'était une des choses qui leur plaisaient le plus chez moi) : j'avais l'intention de devenir responsable d'un département de biochimie.

Alors que j'étais très jeune, treize ans peut-être, je me suis imposé une règle stricte : ne jamais perdre une minute. Notre bien le plus précieux, c'est le temps. Notre vie est encadrée par la naissance et la mort ; entre les deux se trouvent tous les objectifs que l'on se fixe. Les minutes dont nous disposons sont comptées, et la mort de mes parents m'avait prouvé de manière très douloureuse combien l'arrêt du compteur pouvait être inattendu. Ainsi ai-je décidé, au moment de choisir quoi étudier à l'université, d'assouvir ma soif de connaissances au maximum.

J'ai opté pour un double cursus en biochimie médicale et en botanique, afin d'obtenir simultanément deux diplômes de premier cycle. La première année, je n'avais toujours pas reçu un penny de mon héritage, et je continuais à dépendre des tribunaux pour couvrir mes dépenses courantes. J'ai donc pris un poste d'assistante, dans le cadre duquel j'étais responsable de la préparation des labos de botanique et de l'entretien des collections botaniques. Si aujourd'hui on utilise des photographies, on pratiquait alors le dessin scientifique, et j'ai accepté un autre poste où j'enseignais le dessin à des étudiants en botanique. J'apprenais tout court et j'apprenais aux autres. Quand les cours ont commencé, je me rappelle avoir eu l'impression que les vannes qui irriguaient mon cerveau s'ouvraient en grand, et cet afflux massif d'informations m'a ravie.

Des expériences magnifiques m'attendaient. Mon deuxième TD de botanique portait sur *Chondrus crispus,* une algue rouge connue sous le nom de « mousse d'Irlande ». La voir là, sur la table du labo, c'était comme tomber sur un vieil ami dans un nouveau décor. Ma grand-tante Nellie m'avait parlé de cette algue à Lisheens. Elle pousse en partie haute de l'estran, ressemble de loin à une pivoine dotée de deux ou trois fleurs, d'un rouge violacé étonnamment vif, et s'accroche aux rochers à l'aide de crampons. Tante Nellie m'avait appris qu'au temps de la Grande Famine, au milieu du dix-neuvième siècle, les gens étaient particulièrement exposés à la tuberculose à cause de la malnutrition. *Chondrus crispus,* disait-elle, recelait le remède à ce mal. Il fallait arracher la plante du rocher et la faire bouillir entière, et elle libérait alors un mucilage visqueux aux puissantes vertus curatives, efficace dans le traitement de la tuberculose et bonne pour les intestins.

En disséquant l'algue, j'ai découvert qu'elle contenait effectivement du mucilage. À la fin du TD, je me suis précipitée à la bibliothèque de médecine. Entourée de livres et d'anthologies du journal *Botany,* j'ai appris que la substance gélatineuse tirée de *Chondrus crispus* avait de puissantes propriétés antibiotiques ainsi que la capacité de débarrasser le corps d'un isotope radioactif du strontium.

Il est difficile de décrire le sentiment que m'a procuré cette confirmation des enseignements de Nellie. J'aimais beaucoup mes professeurs de Lisheens, mais je n'avais pas totalement exclu l'idée qu'ils m'avaient surtout transmis de vieilles superstitions. J'avais besoin de vérifier par moi-même ce qu'ils m'avaient appris. Il était toujours possible que les plantes sur lesquelles ils avaient insisté ne contiennent rien de spécial et que notre savoir ancestral se limite à de magnifiques nuages de fumée. Lire dans un volume de la faculté de médecine que *Chondrus crispus* contenait bel et bien des actifs capables de ce que Nellie avait évoqué, après avoir moi-même tiré de cette algue la substance dont elle m'avait parlé, voilà qui constituait la première preuve irréfutable que les leçons dispensées pendant ma tutelle étaient fondées sur des faits. J'en tirai du soulagement, un sentiment d'accomplissement et la joie qu'on éprouve face à la vérité de la nature. Et autre chose, aussi.

Le savoir que j'avais reçu à Lisheens se transmettait oralement et, en dehors des lois des brehons elles-mêmes, il n'existait sous aucune autre forme. Or, dans la bibliothèque de médecine, je découvrais ces mêmes connaissances, obtenues et présentées de manière totalement différente, puisque consignées dans un livre. À cet instant, j'ai compris que je pouvais servir de pont entre ces deux mondes, celui de mes ancêtres et le monde scientifique. Cette prise de conscience extrêmement motivante me donna envie de mettre aussitôt à l'épreuve tout ce qu'on m'avait enseigné à Lisheens.

Malgré l'énergie que j'en tirais, je ne pouvais pas tout confirmer aussi vite que les principes actifs de *Chondrus crispus.* Mon savoir celtique n'avait rien d'instantané : il s'agissait de vérités amassées au cours de milliers d'années d'observation et d'expérimentation. Beaucoup de temps passerait parfois entre le début d'une enquête et le moment où j'obtiendrais confirmation de mon hypothèse. Je vérifierais des fragments d'information pour ne valider finalement l'ensemble que des années plus tard. Je n'en étais pas totalement consciente pendant ma première année universitaire, mais cela n'a pas douché mon enthousiasme. Après tout, à Lisheens, on m'avait appris à considérer que la moindre once de savoir avait autant de valeur que le tout. Je me suis donc lancée à corps perdu dans une démarche de tests.

Je commençais toujours par la plante elle-même. Je l'examinais d'abord avec mon œil d'artiste, en quête de tous les traits uniques qui feraient de mon dessin une image fidèle. Ensuite, je la disséquais et en examinais chaque petit morceau au microscope. Bref, j'absorbais toutes les informations accessibles à mes cinq sens et, de là, je me faisais une première idée de la structure de cette plante et de son comportement. Armée de ces éléments glanés par moi-même, je gagnais ensuite les rayons de la bibliothèque pour voir ce que d'autres avaient apporté de plus par rapport à ce que j'avais compris.

Le savoir ancestral me servait souvent d'indicateur ou de guide dans cette démarche de test. Mes professeurs de la vallée décrivaient par exemple telle plante comme bonne pour les problèmes de circulation, ce que j'interprétais comme des problèmes cardiaques. Dès lors, je guettais la présence de tout actif connu pour stimuler le cœur. « Tu vois, Diana, m'avait-on dit en me présentant une petite fleur jaune à cinq pétales dans le creux de la main, le millepertuis marche très bien contre l'anxiété et les problèmes de santé mentale. » Je découvrirais plus tard que le millepertuis contient des agents phytochimiques tels que l'hyperforine, qui augmentent l'effet de la dopamine et de la sérotonine dans le cerveau. Il agit comme bon nombre d'antidépresseurs pharmaceutiques, et se montre même plus efficace dans certains cas.

Mon double cursus m'a équipée de l'association idéale de disciplines pour éprouver les connaissances de Lisheens. En combinant ce savoir ancestral et mes études universitaires, j'ai pu très tôt déceler des liens entre le monde médical et le monde botanique. Bientôt, on aurait pu orner mon siège à la bibliothèque d'une petite plaque dorée : « Réservé à miss Diana Beresford. » Il s'agissait d'un siège devant une fenêtre qui donnait sur une grande pelouse, et tout le monde le laissait libre pour moi. Je pouvais lever le nez de mon travail et regarder les groupes d'étudiants qui se promenaient en discutant. Cette vue m'emplissait toujours d'amour, un amour indéfini pour les autres et un désir de les voir heureux qui irradiait de mon cœur et semblait se focaliser sur mes joues. Cet amour indifférencié pour l'humanité reste l'un des grands facteurs motivants de ma vie et de mon travail.

Ils ne l'auraient sans doute pas formulé en ces termes, mais les gens de Lisheens savaient qu'il existait des liens entre la botanique classique et la biochimie humaine, entre le monde naturel et notre santé. Après avoir identifié un lien de cette sorte dans les propriétés médicinales de *Chondrus crispus,* j'ai entrepris de m'intéresser aux propriétés biochimiques d'autres plantes depuis ma place à la bibliothèque. Je me suis également penchée sur la pharmacognosie (l'étude des drogues dérivées des plantes et d'autres sources naturelles) et sur la pharmacie, cette science de la préparation et de l'administration des médicaments.

En examinant la biochimie d'une plante que j'avais observée et disséquée, je trouvais par exemple des alcaloïdes, des graisses, des sucres, des lipides. Comme ma compréhension de la biochimie humaine grandissait, je commençais à concevoir les effets sur le corps de chacun de ces secrets cachés au cœur d'une plante. Notre corps a besoin de vingt-deux acides aminés essentiels, lesquels entrent dans la composition de protéines ; si on en manque, on a un souci. Il y a trois lipides essentiels, qu'on appelle aussi acides gras essentiels, qui contribuent au bon fonctionnement du système nerveux ; si on en manque, on a un souci. Enfin il y a toutes sortes de sucres, qui peuvent exister sous la forme de différents polymères, et les oligoéléments, tels que le sodium, le sélénium ou le potassium, qui sont eux-mêmes cruciaux pour le bon fonctionnement de notre corps. Le règne végétal lui fournit tout cela, une relation qui me fascine encore cinquante-cinq ans après l'avoir découverte.

Ce modèle de recherche grossier que j'ai créé pour moi-même en premier cycle est celui dont je me suis servi pendant toute ma carrière universitaire. Les sources de connaissance sur lesquelles il est fondé — les enseignements celtiques ancestraux, la botanique classique et la biochimie médicale — ont façonné ma pensée. Quand j'étudie une plante, mon esprit a tendance à travailler dans deux directions à la fois. À partir de ma compréhension du végétal, je vais vers le corps humain, et à partir de ma compréhension du corps humain, je vais vers le végétal. Je n'ai jamais échoué à trouver un ou plusieurs points où se rejoignent ces deux directions. Chaque plante est intimement liée aux êtres humains et à notre santé. Les gens de Lisheens le savaient, ainsi que bien d'autres choses encore. De ces toutes premières recherches à aujourd'hui, j'ai pu confirmer scientifiquement presque tout ce qu'ils m'ont enseigné au cours de ma tutelle. La seule chose qui ait échappé à mon entendement, c'est la télépathie, ces liens invisibles dont ils m'ont dit qu'ils existaient entre les esprits humains. Je travaille encore dessus.

Mes diplômes de premier cycle s'étalaient tous deux sur trois ans. On étudiait de septembre à mi-juin, puis on avait six semaines de vacances. Je passais ce temps à Lisheens. Les examens ayant lieu dès notre retour en août, je devais emporter mes livres. Il n'y avait pas d'électricité à la ferme, toutefois Pat et Nellie savaient que j'avais besoin de lumière pour lire. C'est donc à la lueur d'une lampe à huile de paraffine qu'ils avaient achetée exprès que j'étudiais la physique.

Pendant les étés entre la fin de ma tutelle et l'année où j'ai quitté l'Irlande, j'ai continué de rendre visite à mes professeurs celtes. J'en étais venue à les aimer pour le soin et l'attention qu'ils m'avaient prodigués, et je passais prendre le thé, donner un coup de main ou juste discuter. Tous étaient déjà très âgés à l'époque où ils m'avaient transmis leur savoir, et certains moururent pendant cette période. Chacun de ces décès m'a porté un coup, mais je trouve aujourd'hui incroyable que ma tutelle ait pu avoir lieu. Quand j'ai eu besoin d'eux dans ma détresse, j'étais assez grande pour comprendre ce qu'ils m'enseignaient, et la dynamique globale de la vallée, voire de l'Irlande et du monde, avait déprécié le savoir ancestral au point que personne d'autre ne s'y intéressait suffisamment pour l'acquérir. Enfin, tout cela s'est passé sur le fil, dans les dernières années où ses dépositaires étaient encore en vie pour me le transmettre. Vous ne croyez peut-être pas au destin, mais vous comprendrez sans peine pourquoi je considère qu'il m'incombe de sauvegarder et de partager le savoir ancestral de Lisheens.

À la rentrée de ma dernière année de premier cycle, mon professeur de botanique, Oliver Roberts, a fait une crise cardiaque. Fort heureusement, il a survécu, mais les médecins lui ont recommandé de se ménager le temps de reprendre des forces. Il m'a appelée à son chevet et m'a dit : « Diana, je veux que vous preniez en charge mon cours avancé. » Il n'avait assuré que les deux premières heures.

Accepter ce rôle impliquait pour moi d'enseigner le programme de troisième année tout en étant moi-même élève de troisième année. J'ai dit oui sur-le-champ. Roberts comptait seulement que je lise les cours qu'il avait rédigés, mais il me semblait que, pour pouvoir enseigner la botanique, je devais comprendre l'intégralité du monde végétal. En me poussant à acquérir une vision des plantes plus large que jamais, Roberts m'a fait un cadeau incroyable. J'en vins à regarder le monde comme un tout, à voir pour la première fois le jardin global dans son entier et les liens entre toutes les espèces vivantes, ainsi qu'à déchiffrer les conséquences potentiellement désastreuses du changement climatique.

J'ai approché mon nouveau rôle d'enseignante comme une version plus ambitieuse des recherches que l'oncle Pat et moi avions entamées. En suivant l'évolution des formes de vie végétales des chlorelles (les organismes unicellulaires avec lesquels la photosynthèse a commencé) aux algues, puis aux algues pluricellulaires, aux champignons, aux mousses, aux fougères, aux espèces sempervirentes et enfin aux angiospermes (les arbres et les plantes à fleurs, qui sont biologiquement aussi complexes que nous), je me suis passionnée pour la question de ce qui s'insérait entre ces étapes majeures et ces catégories fondamentales. La vie ne pouvait tout bonnement pas sauter de la fougère aux sempervirents : quelque chose devait forcément s'être perdu dans l'intervalle. J'ai décidé que les étudiants, dont je faisais partie, devaient remonter le temps et s'interroger sur les espèces qui faisaient le lien entre les fougères et les sempervirents, et j'ai donc ajouté cet aspect au cours. C'est en me concentrant sur ces espèces — comme les fougères arborescentes, *Dicksonia antarctica,* et les espèces intermédiaires de l'étrange famille des *Welwitschiaceae* ainsi que les palmiers de la famille des *Cycadaceae,* qu'on trouve sur de minuscules îles du Pacifique Sud — que j'en suis venue à réfléchir au changement climatique.

La concentration de dioxyde de carbone dans l'atmosphère terrestre à l'époque du passage des fougères aux sempervirents était trop élevée pour permettre la vie humaine. Heureusement pour nous, l'humanité n'existait pas encore, sinon nous aurions suffoqué. Au cours des trois cents millions d'années suivantes, les fougères, puis les cycadales, puis des sempervirents perdus de longue date, puis les gymnospermes et enfin les arbres à fleurs ont oxygéné notre atmosphère. Ces machines moléculaires vertes ont continué d'évoluer, convertissant le carbone en tiges, en troncs, en feuilles, en fleurs et en air respirable, chacune plus puissante que la version qui la précédait. Les arbres ne se contentent pas de maintenir les conditions nécessaires à la vie humaine et animale sur la planète, ils les ont créées à travers la communauté des forêts. Les arbres ont ouvert la voie à la famille humaine. La dette que nous avons envers eux est trop immense pour être jamais remboursée.

Ce processus me paraissait extrêmement important, et je l'ai donc inséré dans le cours de Roberts, que je remaniai. De là, je n'avais qu'un petit pas à faire pour entrevoir l'impact potentiel de l'activité humaine sur l'environnement, à la fois pour notre planète et pour notre propre santé. La vérité était là, si simple qu'elle était à la portée d'un enfant. Nous devions aux arbres ce qui satisfait notre besoin le plus élémentaire : l'air que nous respirons. Or, la déforestation avançait à un rythme proprement effrayant. En détruisant nos forêts, nous détruisions notre propre système de soutien vital. Couper des arbres était un acte suicidaire.

Roberts était suffisamment remis à la fin de l'année pour corriger les copies d'examen, qui couvraient tout ce que nous avions appris au cours de nos études. En m'asseyant pour passer en revue les connaissances acquises en premier cycle, j'ai songé à la façon dont l'université de Cork m'avait changée.

Mon professeur de physique de première année, John J. McHenry, avait étudié auprès de Wilhelm Röntgen, l'homme qui découvrit les rayons X et remporta ensuite le premier prix Nobel de physique. Je restais en général à la fin de ses cours pour lui poser des questions, et nous étions devenus amis. Il y avait environ cent cinquante étudiants dans ce cours, et bon nombre d'entre eux venaient me voir quand j'avais fini de discuter avec le professeur pour me demander si j'avais compris son cours. Face à ma réponse positive, ils me demandaient alors de le leur expliquer. Or je crois qu'un code de l'honneur presque chevaleresque s'applique au domaine de la connaissance : ce qu'on apprend, on le partage. Je fus bientôt au centre de sessions informelles après la plupart des cours, et pas uniquement celui de physique. On me surnommait « le cerveau ».

Il ne s'agissait toutefois pas d'une redite de mon expérience de mentorat dans le vestiaire du lycée. Enfin consciente de ma valeur et du fait que je pouvais contribuer au monde, j'étais sortie de ma coquille avec enthousiasme. Je faisais beaucoup de sport (tennis, ski nautique et *camogie,* essentiellement), et je m'étais fait quelques amis très imposants en pratiquant la musculation avec l'équipe de rugby. Je jouais dans des productions théâtrales étudiantes. Au lieu d'effrayer les gens, mon nom de famille me valait désormais d'être invitée à des bals de chasse. J'y assistais dans des robes cousues par mes soins d'après des modèles vus dans *Vogue,* et j'avais l'air d'avoir beaucoup d'argent.

Ce n'était pas le cas, bien sûr, mais j'ai quand même fini par recevoir une petite somme du tribunal, trois cents livres, avec lesquelles je me suis acheté une Mini d'occasion. Avec cette voiture, j'ai accédé à un nouveau degré de liberté. Je me rappelle qu'un soir, alors que je descendais à Kinsale avec quelques joueurs de rugby, je me suis fait arrêter. Tous les rugbymen sont sortis de la voiture sous le regard du policier, qui m'a alors dit : « Si vous arrivez à remettre tout ce petit monde dans votre voiturette, là, je ne vous colle pas d'amende. » Les joueurs se sont de nouveau entassés dans l'habitacle, et je suis repartie sans contravention.

En Irlande, les notes finales sont annoncées lors d'une cérémonie publique à l'issue de la période des examens, cérémonie au cours de laquelle les étudiants sont cités par ordre alphabétique. Je suis arrivée avec un léger retard à la cérémonie de dernière année : je suis descendue de vélo à la fin des *A.* Les noms commençant par *Be* suivirent, puis *Bu,* puis *C...* Je n'avais pas été appelée. *Mince alors, j'ai loupé ces cochonneries d'examens !* ai-je songé.

Alors qu'on passait aux *D,* je suis remontée à vélo et j'ai foncé vers les boutiques de St. Patrick's Street. Encore sous le choc, je pédalais comme une forcenée. Hors d'haleine, je me suis arrêtée pour acheter un yaourt au rayon alimentaire du grand magasin Roches Stores. À l'époque, les yaourts étaient une nouveauté en Irlande. Accoudée au comptoir, je me préparais à trouver une maigre consolation dans ce produit dont je raffolais quand une camarade nommée Anne O'Leary, qui arrivait de l'autre bout du comptoir, m'a lancé : « Félicitations, Diana ! » Choquée par sa cruauté, je lui ai répondu de me laisser tranquille. « J'ai planté mes examens, ai-je ajouté. Ils ne m'ont même pas citée. »

Elle m'a regardée comme si j'étais une extraterrestre. « Eh bien, c'est parce que tu étais la première. »

J'ai quitté le magasin, déposé le yaourt dans le panier accroché à mon guidon et suis retournée à la cérémonie. Anne avait raison : j'avais fini avec les meilleures notes de l'université, et ils avaient appelé mon nom avant d'entamer le reste de la liste. J'étais arrivée trop tard. J'étais sonnée. J'avais beau avoir des amis, et même une certaine popularité, je n'étais pas pour autant débarrassée de mes vieux doutes, apparemment.

Les excellentes notes obtenues m'ouvraient différentes perspectives, mais je n'en envisageais sérieusement que deux : poursuivre vers un diplôme de médecine — la suite logique de ma formation en biochimie — ou passer en maîtrise. Tandis que je ruminais ce choix, il me restait une dernière chose à accomplir avant de quitter le premier cycle de l'université de Cork. Le département de botanique possédait une collection de spécimens, des échantillons de toutes les espèces que nous étudiions, préservés dans le formol. Cette collection permettait aux étudiants d'observer de leurs yeux ces espèces, voire d'interagir un peu avec elles, et certains spécimens s'en trouvaient assez abîmés. J'avais décidé de refaire la collection.

J'ai demandé à quelques-uns des meilleurs étudiants du département de m'aider. Nous sommes descendus à dix ou quinze pour quelques jours au bord de la mer, à Glandore, dans un hôtel. Je savais le secteur riche en plantes rares. Nous nous sommes séparés en petits groupes investis de missions différentes, et nous avons cueilli tout ce qu'il me fallait pour refaire la collection de plantes.

Au cours de ce voyage, j'ai remarqué que les espèces rares tendaient à pousser là où une rivière ou un fleuve rencontraient la mer, là où l'eau salée se mêlait à l'eau douce. Ces endroits, où l'on pouvait trouver des spécimens tels que *Rhodophyta,* une magnifique algue rouge, étaient aussi le lieu de rassemblement de poissons et de baleines. Ils regorgeaient de vie. Je formai une hypothèse : les courants d'eau douce devaient emporter un minéral essentiel de la terre vers la mer, et ainsi créer un environnement propice au développement de ces raretés. Cinquante ans plus tard, pendant le tournage de mon documentaire, *Call of the Forest: The Forgotten Wisdom of Trees,* en novembre 2015, le chimiste marin Katsuhiko Matsunaga a confirmé mes soupçons.

Nous étions assis sur la plage au bord de la baie d'Ise, près de Nagoya, au Japon, quand je lui ai parlé de mon hypothèse de jeunesse : l'influence d'un minéral essentiel chélaté dans l'eau. L'air surpris, il m'a répondu que j'avais raison. Des décennies d'expérimentation avaient permis à Matsunaga et à son équipe de l'université d'Hokkaido de prouver l'existence d'un tel phénomène.

À mesure que les feuilles se décomposent sur le sol de la forêt, elles libèrent de l'acide fulvique, un acide humique capable de se lier avec le fer dans la terre. Ce fer oxygéné ruisselle de la forêt vers les rivières et les océans, un environnement pauvre en fer, et il y stimule la croissance du phytoplancton, créant ainsi l'équivalent d'un buffet marin. Avant la découverte de Matsunaga, un vieux proverbe japonais recelait un indice crucial : « Si tu veux attraper un poisson, plante un arbre. » Ce dicton jouait manifestement un rôle similaire aux enseignements que j'avais reçus à Lisheens.

Il y a bien sûr une certaine satisfaction à voir confirmée une hypothèse vieille d'un demi-siècle, mais cette satisfaction était tempérée par le fait que les recherches de Matsunaga ne dérivaient pas uniquement de sa curiosité pour le proverbe. Son équipe et lui espéraient expliquer le mystérieux effondrement généralisé des écosystèmes marins le long de la côte japonaise. Ils ont prouvé que le déboisement de l'île était responsable de cette catastrophe. Tant d'arbres avaient été coupés que la quantité d'acide fulvique créé par la décomposition des feuilles et rejeté ensuite à la mer *via* les nappes phréatiques avait baissé. La quantité de fer dans les eaux côtières s'en était trouvée réduite. Le manque de fer avait mis un coup d'arrêt à la division et à la multiplication des formes de vie marines microscopiques, provoquant une famine pour les créatures dont la survie en dépendait.

Couper des arbres n'est donc pas seulement un acte suicidaire, c'est aussi un geste meurtrier.

10

La fleur du sumac

Enfants, nous sommes prêts à poser tout un tas de questions. Pourquoi le ciel est-il bleu ? Qu'est-ce que la vie ? Que se passe-t-il quand on meurt ? D'où viennent les bébés ? Pourquoi je ne peux pas rester debout aussi tard que toi ? Certaines réponses sont simples, d'autres échappent à l'entendement humain depuis des milliers d'années. Pour les plus jeunes, toutefois, il n'y a pas de différence entre les petites et les grandes questions. Ils suivent leur curiosité jusqu'à la limite de leurs capacités de compréhension, puis demandent à l'adulte le plus proche ce qu'il y a derrière. Toute ma vie adulte, j'ai lutté pour garder cette capacité que j'avais, enfant, à voir les grandes questions qui résident dans les plus petites, ainsi que la volonté d'essayer d'y répondre.

Avec le recul, je me rends compte de la chance que j'ai eue dans mon éducation, notamment à travers le lycée, l'accès à l'immense bibliothèque de mon oncle Pat et mes études de premier cycle. Tant de choses dans le monde universitaire que j'ai fréquenté depuis mon départ d'Irlande m'ont paru faites exprès pour décourager les grandes interrogations et canaliser le savoir dans des voies étroites et distinctes ! Bien sûr, j'ai fait face à du scepticisme et à des obstacles, mais j'ai aussi été soutenue par tant de gens — à commencer par l'oncle Pat —, qui se sont montrés heureux et même fiers de m'aider à chercher les réponses aux questions qui me motivaient. Je déplore que tout le monde n'ait pas cette chance.

Après avoir terminé mon double cursus de premier cycle, certaines questions me poussaient vers la médecine, mais j'ai finalement opté pour un master dans la continuité de mes études de biochimie et de botanique. C'est la voie qui m'offrait la vision et la compréhension les plus larges possible du monde naturel.

Mon sujet de recherche portait sur les hormones qui régulent les plantes et sur la résistance au gel de toutes les espèces. J'ai commencé par une question que personne ne s'était réellement posée, me semblait-il, et je ne parle pas d'y répondre : quelles sont les bornes de la vie ? Je voulais comprendre les limites du monde végétal, et l'une des clés pour cela consistait à comprendre l'action régulatrice des hormones chez les plantes. Il y avait un sumac superbe sur le campus de l'université de Cork, et j'allais le voir dès que j'en avais l'occasion. Ses grappes de fleurs rouge sang apparaissaient chaque automne et duraient tout l'hiver. Je voulais la réponse à une question suffisamment grande même pour un enfant : pourquoi le sumac fleurissait-il ? Et, plus précisément, qu'est-ce qui, dans cet arbre, était la source de ces magnifiques grappes rouges ?

À la même époque, le soir après dîner, l'oncle Pat et moi discutions d'une autre question importante : l'augmentation des températures au niveau mondial. Ce phénomène m'inquiétait beaucoup. Mes connaissances en biochimie médicale et en botanique classique formaient comme une arche de savoir pour moi. Sous cette arche, j'avais également placé la physique et la chimie. C'est à travers ce prisme que je voyais la planète tout entière. La répétition de certains motifs commençait à m'intriguer. À mes yeux, les principes de régulation génique à l'œuvre dans le règne végétal et dans le règne animal étaient similaires. J'ai été frappée par l'idée que la biochimie de l'humanité soit liée à celle des arbres et des plantes, ce qu'on pouvait voir dans les hormones, qui régulaient aussi bien le monde animal que le monde végétal.

Puis, par le plus grand des hasards, alors que j'aidais un étudiant en médecine, je suis tombée sur ce qu'on appelle en chimie une équation bilan de la photosynthèse. Je l'ai fixée, fascinée, saisie par la petite idée que j'avais en tête et qui jouerait un rôle crucial dans ma compréhension du changement climatique. La réaction photosynthétique est l'inverse de la respiration ordinaire. Cela signifie que les plantes et les humains sont liés par la chimie, par l'oxygène et le dioxyde de carbone. Ces deux molécules président à la vie et à la mort. Et ça aussi, c'est une équation. Que se passerait-il si les plantes — disons, les forêts — disparaissaient de la planète ? La réponse est évidente : la vie s'éteindrait. La mort s'imposerait du fait de la chaleur, de l'effet de serre ou du manque d'oxygène. J'ai entamé précipitamment mon mémoire.

On m'a laissé le champ libre dans les serres de l'université, de longues structures au toit en double pente bâties sur un secteur bas et plat du campus. Les paramètres théoriques de mon sujet étaient extrêmement vastes, puisqu'ils englobaient toutes les espèces de plantes sur terre. Les paramètres physiques des serres et de mon équipement, toutefois, imposaient certaines limites. Pour mes expériences, j'ai ainsi sélectionné des espèces dont je savais qu'elles tiendraient dans les chambres de culture.

En réalité, je menais une étude sur le changement climatique. En mesurant la taille, la croissance et les proportions d'un vaste éventail d'espèces placées dans différentes conditions environnementales, j'examinais le plus largement possible la façon dont les plantes réagissent aux modifications de leur environnement, l'impact de la sécheresse et du froid sur ces organismes dont nous avons besoin pour maintenir la vie.

Ce travail m'a menée à de nombreuses découvertes. Chaque plante a un point de flétrissement ; je sais qu'un pois cultivé peut survivre à une température de moins neuf degrés Celsius, mais qu'il ne résistera pas à moins dix. Le concept de point de flétrissement était connu, mais j'ai déterminé le point de flétrissement précis (jusque-là inconnu) de bon nombre d'espèces, notamment des cultures vivrières. Chez les plus résistantes à la sécheresse et au gel, j'ai identifié le rôle clé joué par la gibbérelline, une phytohormone de croissance équivalente chez l'homme à une hormone androgène. Une plante qui produit de la gibbérelline est une plante rustique, et j'ai découvert que cette rusticité pouvait être hybridée et transmise à des espèces plus fragiles, qu'il était possible d'induire la vigueur par croisement. J'ai découvert que, chez les arbres, la résistance aux climats extrêmes se manifeste par une teinte bleu-vert des feuilles ou des aiguilles. Cette teinte naît de la réflexion du soleil sur la couche cuticulaire qui recouvre les feuilles comme une peau, et qui est beaucoup plus épaisse chez les espèces adaptées au froid. Cette couche aide également l'arbre à retenir l'humidité. J'ai aussi remarqué que les vieilles variétés de céréales tendaient à présenter une abondance de branches latérales, dites talles, à la base de leur tige principale. Ce tallage permet à la plante de pousser sans problème malgré des vents forts, une adaptation des racines et de la tige qui deviendra cruciale à mesure que le changement climatique mondial induira des systèmes et des événements météorologiques extrêmes de plus en plus fréquents et intenses. J'ai aussi noté que la couleur cellulaire était une adaptation importante à la chaleur et au froid. Une carotte blanche, par exemple, supporte moins bien la chaleur et le froid qu'une carotte orange.

Au fil des années depuis ces recherches — que j'ai terminées en 1965 à l'âge de vingt et un ans —, ces diverses caractéristiques sont devenues plus significatives pour moi et pour la santé future de la planète. Il y a quelques années, je suis allée dans les forêts côtières d'Amérique du Nord, au bord du Pacifique, pour sélectionner des arbres à sauvegarder dans une banque de matériel génétique. De nombreux critères m'ont servi à identifier les meilleurs candidats, mais parmi les qualités principales que je visais figurait la teinte bleu-vert, présentée en l'occurrence par les séquoias. Il s'agissait de spécimens très vieux de *Sequoia sempervirens,* des géants remarquables qui résistent également au feu. Je nourris l'espoir immense que l'humanité comprendra qu'il faut prendre des mesures concrètes face au changement climatique avant que la température mondiale n'augmente trop et que les conditions instables que nous avons créées ne laissent de chances de survie qu'aux espèces les plus robustes. Quoi qu'il en soit, les caractéristiques que j'ai identifiées pendant ces recherches serviront de guide pour déterminer les espèces les mieux équipées pour survivre dans un monde en transformation. J'ai moi-même suivi ce guide pour sélectionner et sauvegarder des espèces patrimoniales de plantes et d'arbres rares sur la ferme où j'habite aujourd'hui (je vous en dirai plus à ce sujet). C'était un travail vraiment important.

À l'époque, toutefois, je n'en étais pas consciente. Plus précisément, je ne pensais pas que ce travail présenterait un intérêt pour d'autres que moi. Dans les serres, deux techniciens m'avaient été attribués pour m'aider à compter et à mesurer, mais je travaillais surtout seule. Et si j'étais désormais en apparence une créature sociale, voire extravertie, je redoutais de m'accrocher un peu trop à une image rationaliste, compétente et utile de moi-même. Je n'étais alors pas consciente de cette crainte, car elle naissait d'une menace à laquelle je m'efforçais de ne jamais penser : celle d'être envoyée à Sunday's Well. La terreur que m'inspirait cet endroit était trop grande pour que je puisse l'affronter les yeux ouverts, de sorte que je ne pouvais régler mes comptes avec elle que dans des cauchemars, où je me retrouvais totalement impuissante, privée de liberté et de choix.

Peut-être un an après la mort de mes parents, j'avais enfourché mon vélo pour me rendre à cette fameuse blanchisserie. Accroupie derrière la clôture, j'avais épié les prêtres qui entraient et sortaient du bâtiment. Une petite fille sans personne pour la défendre devient très sensible au langage corporel. Son système sensoriel est comme un diapason qui vibre de la tête aux pieds en présence d'une menace. Les prêtres portaient de longues soutanes qui touchaient presque les pavés. En approchant le perron de Sunday's Well, chacun d'eux la relevait du même geste arrogant du poignet. À mes yeux, ce mouvement transpirait la menace. Ces hommes transpiraient le danger.

Même si je m'efforçais de penser à autre chose et que je veillais à être occupée du matin jusqu'à minuit, j'avais toujours présente à l'esprit ma terreur face à ce risque d'incarcération — il n'y a vraiment pas d'autre terme. L'éviter était épuisant ; la porter était épuisant ; m'y plonger était impensable. Quand les tribunaux m'ont enfin accordé le contrôle de ma propre vie et ont supprimé la menace de Sunday's Well, ce qui s'est produit l'année où j'ai terminé mon master, j'ai éprouvé un immense soulagement, mais celui-ci a aussi fait remonter à la surface la peur et la douleur que j'étouffais depuis si longtemps. Les traumatismes projettent une ombre massive qui ne disparaît jamais, d'après mon expérience, et face à laquelle il faut constamment faire preuve de courage.

Réticente à affronter cette douleur — ou peut-être juste pas tout à fait prête à le faire —, je n'ai pas pris le temps de travailler sur ce qui m'était arrivé, de chercher un sens aux dégâts causés par la froideur de ma mère, l'absence de mon père, leur mort soudaine, mon chagrin et ma solitude, la négligence initiale de l'oncle Pat et l'angoisse que me causait le tribunal. À ma majorité, j'ai reçu un chèque de trois cents livres accompagné de la nouvelle suivante : il ne restait pas un penny de plus de mon héritage. Mon avocat avait fait de mauvais investissements et perdu presque tout mon argent. J'avais bien contesté ses choix, mais en tant que mineure je n'étais pas en position de persuader le juge de le forcer à investir plus prudemment. J'ai donc baissé la tête et continué d'œuvrer à ce que j'aimais le plus : une meilleure compréhension du monde naturel. Mon travail n'était pas tenu d'avoir un sens au-delà de ce qu'il apportait à ma vie. Je n'ai compris que beaucoup plus tard qu'il en avait un.

En gaélique, *saoirse* signifie « liberté », une liberté d'un certain type. Il s'agit de la liberté d'être soi-même et de s'exprimer, la liberté de penser et de croire ce qu'on veut, la liberté d'esprit et d'imagination. *Saoirse* et *aimsir,* le « temps », sont pour moi les deux biens les plus précieux qu'on puisse posséder.

L'ombre de Sunday's Well a plané sur toute ma vie et m'a affectée de diverses façons dont je suis consciente, et sans doute d'autres façons dont je ne le suis pas. Une chose est sûre : ce spectre qui a hanté mon adolescence m'a poussée à protéger férocement ma *saoirse,* ma liberté de pensée. Je me méfie des institutions, et je ne suis membre cotisant que d'une seule, l'Irish

Garden Plant Society, une société d'horticulture irlandaise. L'idée de devenir riche me terrifie, car je suis bien consciente de la façon dont l'avidité déforme les gens. J'en ai fait l'amère expérience toute ma vie. Pour la même raison, je suis circonspecte face à quiconque m'offre une grosse somme d'argent. L'argent et les institutions servent à dépouiller les gens de leur liberté, et s'ils vous prennent votre esprit, ils vous ont tout pris.

Pendant mes études à l'université de Cork, l'évêque de Cork et Ross était un homme du nom de Cornelius Lucey. L'un de mes ancêtres, lord John Beresford, a occupé la même position dans l'Église protestante irlandaise de 1805 à 1807, mais Lucey a duré beaucoup plus longtemps et n'a démissionné qu'en 1980, deux ans avant sa mort. Il est difficile d'exagérer le pouvoir de l'Église catholique d'Irlande à cette époque, et Lucey — qui avait consacré sa vie à une religion qui prétendait estimer l'humilité, la charité et le sacrifice de soi plus que toute autre qualité — était un individu immensément puissant et atrocement riche. Il vivait dans un palais et il avait l'oreille du gouvernement, des universités, de tout le monde. Bref, c'était un homme qu'on admirait ou qu'on craignait.

Un vendredi, mon technicien Michael et moi étions dans les serres quand on nous a annoncé que l'évêque Lucey visiterait le campus le lendemain. J'avais prévu de travailler seule tout le week-end pour terminer les mesures de la semaine. « Hors de question qu'il entre dans mes serres, ai-je dit à Michael. Je m'occuperai de mes expériences. »

C'était une réaction spontanée, qui venait des tripes plutôt que du cerveau, et je m'attendais à ce que mon objection remonte, *via* Michael, dans les rangs de l'administration et parvienne au responsable du bon déroulement de la visite de l'évêque. J'avais des expériences en cours partout dans la serre, et il me paraissait absurde d'y introduire une personne extérieure. Cela semblerait sans doute évident à n'importe qui.

Le samedi après-midi, j'étais penchée sur des plants de pois quand j'ai entendu des pas sur les marches en béton descendant du bâtiment principal de biologie. En me tournant vers la porte, j'ai vu un bas de couleur sous la couture d'une robe pourpre, puis la robe entière et le visage de l'évêque de Cork et Ross. Il n'était sans doute pas seul, mais je ne me rappelle personne d'autre. J'ai bondi et me suis précipitée vers lui en hurlant à quelques mètres « Vous devez sortir ! », tout en désignant les escaliers.

Mais il a continué d'avancer vers moi en me tendant la main. Une énorme pierre ornait sa bague, et j'ai compris que, indifférent à mon ordre, il s'attendait à ce que je laisse tomber mon expérience pour me mettre à genoux. « Je ne baiserai pas votre anneau, et vous allez sortir d'ici. La porte est là. Repartez par où vous êtes venu. »

Il commençait à s'agiter, mais je l'ai interrompu avant qu'il ait pu me contredire, répétant mes instructions et ajoutant que j'étais en plein travail. J'étais folle de rage. Comment un être humain pouvait-il interrompre si négligemment tout un tas d'expériences ? Dans une salle de concert, on n'interrompt pas le pianiste ou le chef d'orchestre !

Prenant enfin la mesure de ma colère, l'évêque a tourné les talons et quitté la serre sans un mot. J'ai claqué la porte derrière lui et je suis retournée à mes plants de pois, encore furieuse. Le lundi matin, toute l'université savait que j'avais chassé Lucey de ma serre, et c'est là que les conséquences potentielles de mes actes me sont apparues. Mes collègues me prédisaient tous de gros problèmes, voire la perte de ma place au sein du département de botanique. Je m'attendais au moins à de sévères remontrances, mais l'administration ne m'a jamais rien reproché.

Un homme d'allure plus autoritaire encore que les prêtres de Sunday's Well quand ils relevaient leur robe avait tenté d'envahir le seul endroit où je me sentais réellement libre de toutes les pressions et difficultés de la vie. Même s'il était puissant, je m'étais défendue, j'avais défendu mon travail et ma *saoirse.* Je lui avais tenu tête et je l'avais chassé de mon territoire, sans que personne ne m'en empêche ni me le reproche après coup. Il y avait là une leçon à retenir : il faut protéger sa liberté de pensée à tout prix.

Il arrive un moment dans une carrière où des décisions cruciales doivent être prises. À la fin de mon second cycle, l'Irlande n'offrait guère de possibilités de recherche. Le seul endroit pour cela, Moore Park, n'acceptait pas les femmes. La majorité des diplômés partait donc à l'étranger. Beaucoup choisissaient des pays arabes, l'Angleterre ou l'Amérique du Nord. À l'été 1965, moi aussi, j'ai dû faire un choix, et je l'ai fait la mort dans l'âme. Je devais laisser deux écoles derrière moi : Lisheens et l'université de Cork, bâtie autour de mon petit sumac, dont la bibliothèque de médecine m'avait révélé les secrets. Le sumac est un arbre médicinal d'Amérique du Nord et une épice pour les cuisiniers du monde arabe. J'ai eu du mal à leur dire au revoir, mais j'ai repensé à ce que disait l'oncle Pat : « Diana, le monde obéit à des cycles, et toi aussi tu auras ton heure. »

Mes excellentes notes de premier cycle combinées à mon master m'ouvraient des portes un peu partout. On m'a proposé des thèses et des postes d'enseignement. L'université de Floride m'a offert de devenir professeur, et plusieurs écoles sud-africaines m'ont sollicitée, mais je ne supportais pas les politiques raciales appliquées dans les deux cas. J'ai fini par accepter une bourse doctorale fédérale américaine pour étudier sur le campus de Storrs, université du Connecticut.

Cette bourse finançait un an de recherche individuelle privée pour un chercheur invité. J'ai opté pour la chimie nucléaire — Storrs était, à ma connaissance, le seul endroit où c'était possible à l'époque — et j'ai choisi, une nouvelle fois, un sujet le plus large possible : les effets du rayonnement nucléaire sur les systèmes biologiques. Je m'intéressais aux seuils d'exposition minimal et maximal chez les plantes et les animaux. Je voulais comprendre quel impact les radiations pouvaient avoir sur le monde. Au cours de ce travail, j'ai découvert une technique consistant à isoler une section de brin d'ADN et à l'écraser doucement afin de pouvoir la voir et l'étudier sous un grossissement puissant.

J'ai également suivi des cours avancés de chimie organique. Il s'agissait essentiellement de travail en laboratoire, et j'y ai appris des techniques précieuses pour examiner et séparer des composés.

À la fin de ma bourse, je suis brièvement retournée en Irlande, avant de choisir l'université Carleton, à Ottawa, pour mon doctorat. Un des professeurs là-bas était intéressé par les hormones chez les plantes. Mon travail de master s'accordait bien avec son domaine d'étude, et la curiosité m'a donc attirée près de lui. La prédiction de Mary Cronin et le devoir de remplir ma tâche sacrée ajoutaient à l'attrait du Canada. Malgré tout le plaisir et les connaissances que j'avais tirés de mon expérience à Storrs, les États-Unis m'effrayaient un peu. Je n'arrivais pas à me débarrasser du sentiment, vague mais constant, que tout autour de moi était militarisé. Quand je croisais la police — notamment lors d'une excursion à Manhattan avec quelques collègues —, j'avais l'impression de me retrouver en présence des soldats d'une armée d'invasion. À mon sens, le Canada se rapprochait davantage de l'Irlande, avec une forêt relativement intacte toutefois, et je m'attendais à y découvrir des merveilles de la nature dans un cadre familier. Une seule de ces attentes a été comblée, mais c'était de loin la plus importante.

Nous sommes immensément redevables aux peuples autochtones d'Amérique du Nord. Leur continent est magique : *an talamh an óige,* « une terre de jeunesse ». Son immensité est extraordinaire, et sa nature, si diverse qu'elle en paraît presque incompréhensible aux Européens. Globalement, les peuples autochtones ont gardé intact le continent. À titre personnel, je leur suis infiniment redevable de la façon dont ils l'ont conservé, de toute cette beauté qu'ils ont préservée assez longtemps pour que j'en devienne le témoin. Du moment où j'ai mis le pied dans les bois de l'Ontario en 1969, l'été précédant le début de ma thèse de doctorat à Carleton, j'ai vu dans mon cœur le Canada comme un endroit immaculé, un pays d'une grande beauté, où l'eau était abondante. Il m'est tout de suite apparu que le système botanique ici était phénoménal et que je ne pouvais le comparer à ce que je connaissais jusque-là. J'ai aussitôt éprouvé l'envie de le montrer. J'avais envie de crier au monde que ce pays était fabuleux. À ce jour, ni cette envie ni la conviction qui la nourrit ne m'ont quittée un seul instant.

Pour tout dire, ma connaissance grandissante du fonctionnement de la forêt renforçait seulement la beauté que je voyais là. Dans mes recherches doctorales, je me suis concentrée sur la sérotonine et les voies métaboliques du tryptophane et de la tryptamine. Tablant sur ma compréhension préexistante de la biochimie médicale, j'ai élargi mon champ d'investigations au-delà de la botanique et comparé la fonction des hormones chez les plantes et les êtres humains. L'action de ces substances avait été étudiée chez les hommes, mais leur existence chez les arbres n'était pas connue. Sur les trois ans et demi qu'a duré ma thèse, j'ai prouvé que ces voies métaboliques existaient chez les plantes, plus chez certaines que chez d'autres, et surtout chez les arbres.

Les plantes contiennent leur propre version de la sérotonine, un composé hydrosoluble. La sérotonine est un régulateur de la neurogenèse. En prouvant que les voies métaboliques du tryptophane et de la tryptamine existaient chez les arbres, j'ai établi que ceux-ci contiennent les mêmes substances que notre cerveau. Les arbres ont la capacité neurale d'écouter et de réfléchir, car ils disposent de tous les composants nécessaires pour avoir une conscience ou un esprit. C'est ce que j'ai démontré : les forêts peuvent réfléchir, et peut-être même rêver. Voilà qui était nouveau. Ces connexions n'étaient pas connues à l'époque.

Après avoir terminé ma thèse et obtenu mon doctorat, j'ai commencé à manquer d'argent. J'ai donc cherché du travail, et j'en ai trouvé à la ferme expérimentale centrale d'Ottawa, auprès de Geoffrey Haggis, directeur du Centre de microscopie électronique du ministère de l'Agriculture. Là-bas, avec une bourse de recherche de six mois accordée par le gouvernement canadien, j'ai modifié le microscope électronique à balayage Siemens et découvert la bioluminescence, un phénomène de physique quantique. Quand un faisceau d'énergie à haute puissance frappe une molécule aromatique dans une plante ou dans le corps humain, celle-ci devient bioluminescente. Dans la mesure où le flux d'électrons qui traverse une molécule donnée en ressort sous la forme d'une énergie équivalente (la base de la fameuse équation

$E = mc^2$), cette lumière peut servir de traceur dans n'importe quel domaine médical. Elle permet par exemple de repérer un cancer dans du tissu cellulaire si la lumière est modifiée quand elle est émise. Geoffrey et moi avons publié la première partie de nos résultats, et on m'a décerné un prix pour ce travail un peu plus tard (en 2008, trois chercheurs ont reçu le prix Nobel de chimie pour des travaux dans ce même domaine).

Nous avions de quoi rédiger deux autres articles sur la bioluminescence, mais ma bourse de recherche arrivait à échéance. Geoffrey voulait m'embaucher à temps plein afin de préparer ces articles en vue d'une publication, mais le conseil d'administration de la ferme expérimentale devait d'abord valider l'aspect financier de mon recrutement. J'ai donc été convoquée pour un entretien. J'ai été reçue par trois hommes, assis derrière une longue table dans une salle étouffante. J'avais l'impression d'être de retour au tribunal de Cork et que mon sort reposait entre les mains d'hommes qui ne s'intéressaient qu'à eux-mêmes.

Ils ont examiné mon « cas ». Leur sentence est bientôt tombée, sans appel, déguisée en conseil. Sans lever les yeux du papier posé devant lui, l'un d'eux m'a dit : « Vous devriez vous marier et faire des enfants. » Le conseil refusait de financer mes recherches. Parce que j'étais une femme, ils n'envisageaient pas de m'employer. Ils se sont montrés très clairs sur ce point.

J'étais de retour au labo avec l'envie de mettre le feu au bâtiment quand Geoffrey est arrivé. Il sortait tout juste d'un entretien avec ce même conseil. Sans ralentir, il s'est dirigé vers l'armoire murale vitrée qui abritait le tuyau d'incendie et la hache de pompier. Il en a ouvert violemment la porte et y a pris calmement la hache, qu'il a abattue de toutes ses forces sur l'armoire, brisant la vitre. En trois coups, il l'avait décrochée du mur et réduite en miettes. Il s'est alors attaqué au parquet du labo et en a arraché la moitié des lames avant de s'arrêter, épuisé. Suant, haletant, il a craché ses premiers mots depuis qu'il était entré : « Ils ne veulent pas de toi parce que tu es une femme.

— Je sais.

— Les salauds. S'ils ne veulent pas payer ton salaire, ils paieront ce parquet. »

Je suis passée à autre chose, navrée d'abandonner mes travaux mais heureuse de quitter la ferme expérimentale. On était en 1973, et j'ai tout de suite été embauchée par l'université d'Ottawa en tant que chercheuse à la faculté de médecine. Les neuf années suivantes, j'ai travaillé aux côtés de George Biro, docteur et professeur du département de physiologie (aujourd'hui département de médecine cellulaire et moléculaire). Nous avons étudié le cœur humain et le système circulatoire. Ensemble, nous avons développé une hémoglobine exempte de stroma. Il s'agissait d'un sang dépourvu de groupe sanguin, nettoyé de ses stromas, les parois externes des globules rouges qui peuvent abîmer des organes quand on transfuse un patient avec du sang artificiel. Nous avons également rédigé un certain nombre d'articles notables sur l'ischémie cardiaque, une cardiopathie qui entraîne une baisse de l'oxygénation du cœur, qui peut affecter n'importe qui et provoquer un arrêt cardiaque. Ces articles ont été publiés dans les meilleurs journaux médicaux du monde, dont l'*American Heart Journal.* Parallèlement, j'ai suivi un cursus d'un an en chirurgie expérimentale générale afin de mieux comprendre le corps et la circulation sanguine.

C'était un travail épanouissant et très important pour moi, et je savais qu'il avait un effet positif sur la vie des gens. Beaucoup plus tard, une amie gravement malade m'a rendu visite en apportant ses médicaments. Je l'ai vue, sous mon propre toit, s'administrer un traitement dans lequel les substances actives salvatrices lui étaient apportées *via* l'un des produits sanguins artificiels sur lesquels j'avais travaillé. Ce moment reste gravé dans ma mémoire : voir quelqu'un bénéficier directement de mes recherches m'a laissé une impression durable.

Malgré tout ce qui allait bien dans ma vie, je faisais face à d'immenses frustrations, des frustrations familières à toute femme tentant de s'imposer dans un milieu professionnel dans les années 1970 et 1980, et qui, hélas, le sont encore pour la plupart des femmes. Les milieux universitaires et professionnels scientifiques et technologiques sont encore connus, aujourd'hui, pour abriter pléthore d'hommes misogynes à l'ego fragile. Ce que j'ai vécu n'appartient qu'à moi, mais est conforme au stéréotype. Certaines de mes idées et découvertes m'ont même été volées par des collègues masculins et présentées comme leur travail. À force d'expériences douloureuses, j'ai fini par en avoir assez.

Heureusement, à ce stade, j'étais heureuse en ménage. J'avais rencontré celui qui deviendrait mon mari, Christian Kroeger, à une soirée que j'avais organisée alors que j'étais encore à Carleton pour présenter un chercheur alors inconnu, David Suzuki, à divers mondains et grosses huiles en lien avec l'université. Les gens étaient bien habillés, bien élevés, et le tout était assez terne jusqu'à ce que deux hommes débarquent. De retour d'expédition dans une grotte où ils avaient étudié une espèce rare de chauves-souris, les intrus portaient encore combinaison et bottes, couvertes d'une fine couche de boue. Ils m'ont plu tout de suite, en particulier Christian qui, je l'ai appris plus tard, était le fils d'un ingénieur de la NASA, l'un des architectes du programme spatial Apollo. Christian lui-même avait travaillé pour le programme spatial américain avant d'émigrer au Canada, où il avait obtenu un poste dans la fonction publique fédérale. Il rédigeait des textes d'orientation et des propositions de loi autour de projets importants, comme la loi sur l'accès à l'information ou la construction du pont de la Confédération, qui relie l'Île-du-Prince-Édouard et le Nouveau-Brunswick. Spéléologue et grimpeur accompli, il s'était joint à l'expédition pour rendre service à un ami.

Nous sommes sortis ensemble, nous avons acheté un terrain, nous nous sommes mariés et nous nous sommes mis au travail, marteau en main, pour construire cette ferme où nous vivons depuis maintenant plus de quarante ans. Bref, j'avais chez moi tout un tas de plantes et un homme très bien.

Du coup, quand j'en suis arrivée au point où je ne supportais plus la situation à mon travail, je suis rentrée et j'ai dit à Christian que j'en avais assez des brimades, du harcèlement sexuel, des coups de couteau dans le dos et de la mesquinerie, typiques des sciences à l'université. Nous avions déjà construit une maison et planté des jardins et un verger sur ce qui était un champ en friche à notre arrivée. Quand il m'a demandé ce que j'allais faire à la place, j'ai répondu : « Je ferai mes propres recherches. »

11

Travailler à ma façon

Un jour, alors que j'étais encore toute jeune et que je vivais avec ma mère à Belgrave Place, je me suis glissée hors de la maison pour aller au grand magasin Woolworth. On m'avait donné trois pence, je ne sais plus pourquoi, et c'était ma première expédition seule en ville. Navigant au milieu des îlots de marchandises, je suis arrivée devant un rayon de semences en sachet et j'ai choisi une petite enveloppe en papier sulfurisé contenant des graines de laitue. Le caissier m'a regardée bizarrement quand j'ai payé avec ma pièce de trois pence, sans doute parce que j'étais très jeune et manifestement pas en terrain familier. J'ai fourré le sachet dans ma poche la plus sûre avant de rentrer cacher mon achat.

Un parterre surélevé derrière la maison de l'oncle Pat accueillait les potagers du voisinage. Le lendemain, je m'y suis rendue avec mon sachet de graines. Le lot commun était entouré d'un mur de pierre surmonté de verre brisé, et la seule grille était fermée à clé. J'ai donc jeté mon manteau sur le haut du mur pour recouvrir le verre et je suis passée tant bien que mal par-dessus. Je m'attendais à demi à tomber dans une jungle, un jardin d'Éden aux arbres chargés de pommes. Au lieu de cela, j'ai découvert des parcelles individuelles paillées pour l'hiver. Je ne me suis pas découragée pour autant. J'ai trouvé un coin libre et creusé un sillon dans la terre à l'aide d'un bâton. J'y ai versé tout mon sachet de graines et je les ai recouvertes, puis j'ai entrepris de m'aménager un poste d'observation sur une souche non loin de là, autour de laquelle j'ai disposé des branches arrachées par la tempête de façon à pouvoir surveiller discrètement la pousse de mes laitues. J'y suis retournée tous les jours pendant plus d'un an, veillant à parler à mes graines depuis mon faux buisson, les suppliant de pousser et leur demandant ce que je pouvais faire pour les aider.

Évidemment, je les avais plantées à la mauvaise période, et elles n'ont pas germé, mais cette première tentative reflétait mon désir de voir le vivant réagir à mes efforts et les reconnaître sous la forme de pousses vertes. Ce désir ne m'a jamais quittée, et il continue d'irriguer mon cœur. Avec l'aide de Christian, je pouvais enfin chercher le terrain au Canada qui me permettrait de m'abreuver du vivant jusqu'à plus soif.

Nous cherchions depuis un an déjà quand on nous a présenté le terrain en Ontario qui deviendrait notre chez-nous. C'était le début des années 1970, et nous avions à nous deux six mille dollars et la volonté commune de ne pas nous endetter. L'annonce, pour vingt-quatre hectares, était dans nos prix (nous ajouterions plus tard une parcelle voisine de quarante hectares pour nous prémunir des promoteurs). Quand nous nous sommes rendus à l'adresse indiquée, nous avons découvert un immense champ en jachère, en légère pente vers le sud. En sortant de la voiture, j'ai aussitôt éprouvé un sentiment de paix, comme si on m'attirait dans une étreinte affectueuse. Même sur des parcelles que nous avions sérieusement envisagé d'acquérir, je n'avais jamais rien ressenti de tel. J'avais l'impression que la terre m'apostrophait et me promettait d'être généreuse. Je l'ai écoutée, et nous avons acheté. Chaque jour depuis, cette terre — et son abondance de surprises — m'a gardée dans son étreinte et m'a fait grandir d'une façon que je ne comprends pas tout à fait. En retour, j'ai pris soin d'elle, et cette énergie pacifique s'est encore amplifiée.

Après avoir signé, Christian et moi avons parcouru le terrain pour en prendre la pleine mesure. Nous sommes entrés dans la forêt de cèdres, où j'ai rencontré pour la première fois un arbre réellement énorme. C'était la souche colossale d'un cèdre blanc, *Thuja occidentalis,* qui avait été arrachée au sol. Le reste de l'arbre, qui devait être de la taille des séquoias immenses qu'on trouve encore sur la côte Pacifique de l'Amérique du Nord, avait été coupé et emporté, mais la souche était trop grosse, au point qu'on ne pouvait même pas la brûler.

En voyant ce dernier vestige de la forêt primitive canadienne qui s'était autrefois dressée sur notre terrain et tout autour, j'ai éprouvé le même mélange de chagrin et de respect que lorsque Pat Lisheens m'avait montré le duramen de ce vieux chêne de tourbière. *Mon Dieu, voilà ce qui était ici avant notre arrivée,* ai-je songé. Puis : *mais quelle idée de couper ces somptueux géants ?* La souche devant moi n'était pas vivante, pas comme l'arbre auquel elle avait appartenu, mais elle absorbait encore de l'eau, elle changeait, il y avait encore une forme de vie en elle. La majesté de la forêt qui occupait jadis ce terrain près d'Ottawa me stupéfie, de même que l'arrogance et l'avidité dont on a fait preuve en la coupant.

Nous nous sommes attelés à la construction de notre maison. Pour faire des économies, nous avons acheté des planches de pin blanc rabotées emboîtables auprès de la scierie locale. C'est une des raisons pour lesquelles il n'y a pas deux maisons comme la nôtre sur terre ! Pendant les travaux, nous avons vécu dans une petite cabane au confort tout relatif. En semaine, j'arrivais tôt au labo de médecine de l'université d'Ottawa, où je prenais ma douche et me pomponnais pour la journée. Après le travail, je rentrais à la cabane. L'hiver, nous avions un petit poêle à pétrole qui nous évitait de geler la nuit. À mesure que les températures chutaient dehors, les souris sylvestres nous rejoignaient à l'intérieur. Elles s'installaient au chaud sous le poêle, et nous achetions des cacahuètes pour les nourrir. Nous n'avions ni eau courante ni électricité, sans parler de télévision, alors regarder les souris sylvestres grignoter des cacahuètes à la lueur du poêle à pétrole était notre distraction.

Quelques années plus tôt, quand je travaillais à la ferme expérimentale, ma promenade de la pause déjeuner passait devant un tulipier, un magnifique *Liriodendron tulipifera.* C'était le seul de toute la ferme, et je l'adorais. Au cours d'un orage estival, il a été frappé par la foudre et trop endommagé pour qu'on puisse le sauver. Pendant ma promenade, le lendemain, j'ai vu ce qui s'était passé et j'ai discuté avec le jardinier qui nettoyait les lieux. Quand je lui ai dit combien j'étais navrée de perdre cet arbre, il m'a révélé le pire : « C'était le dernier tulipier d'Ottawa. »

J'étais stupéfaite. À la bibliothèque, j'ai découvert que *Liriodendron tulipifera* était un arbre médicinal pour les Hurons, un peuple amérindien qui le considérait comme magique et sacré. Il produit de la quinone, ce qui lui confère des propriétés antimicrobiennes et antiparasitaires, et les Hurons taillent leurs masques mortuaires dans son bois. J'ai aussi appris que non seulement le jardinier avait raison, mais que le problème n'était pas limité à cette espèce : bon nombre d'arbres étaient sur le point de disparaître autour de nous. J'avais déjà établi une liste des espèces que j'espérais faire pousser un jour. Après la perte de ce tulipier, j'ai commencé à y ajouter des espèces menacées. Je me suis aussi rendue dans le sud de l'Ontario pour me procurer deux tulipiers auprès d'une pépinière spécialisée dans les espèces locales et je les ai plantés.

Christian et moi nous sommes mariés le 14 septembre 1974. Étant donné mon histoire, je n'avais pas très envie d'être mariée « pour le meilleur et pour le pire », et j'ai donc demandé à l'officiant de nous lier « tant que dure l'amour ». En guise de cadeau de mariage, mes collègues de l'université d'Ottawa m'ont offert de quoi remplir un verger. L'un des chercheurs m'avait dit au nom du groupe : « Diana, nous ne savons rien des plantes qui t'intéressent, alors fais-nous une liste. » Le meilleur arbre qu'ils ont déniché pour moi était un abricotier, *Prunus armeniaca* 'Harcot', un hybride. Il se porte toujours très bien.

Mon travail de master m'avait fait comprendre l'importance de privilégier des espèces rustiques, surtout dans le climat canadien. Les fruitiers qui figuraient sur ma liste venaient du monde entier, mais je voulais des gènes nordiques, les gènes de la survie (de plus, j'ai découvert que les arbres du Nord offraient un meilleur ratio de propriétés médicinales…). Je me savais capable de croiser ensuite ces variétés avec des plantes dont je voulais augmenter la résistance à la sécheresse et aux variations de température. Le groupe m'a offert des poiriers, des pommiers, des pêchers, des pruniers et plusieurs espèces de cerisiers, sous la forme de jeunes pousses ou de boutures. J'ai planté mon abricotier près de la maison aux trois quarts terminée, sachant que le rayonnement thermique du bâtiment suffirait à le maintenir en vie. De plus, cette chaleur permettait aussi la pollinisation, une petite expérience qui a permis à l'arbre de donner des fruits, que j'ai pu déguster. Globalement, l'idée consistait à étendre autant que possible la période de végétation tronquée de l'Ontario à travers la résistance au gel et tout autre moyen qui me passerait par la tête.

Nous avions commencé le jardin potager dès l'achat du terrain, une nécessité d'abord financière, mais dont nous tirions du plaisir. En qualité de membre de l'Irish Garden Plant Society, une société d'horticulture irlandaise, j'avais accès à un large éventail de semences patrimoniales. J'ai aussi trouvé des noisetiers locaux qui poussaient sur notre parcelle, et j'ai travaillé sur eux. Au bout de dix ans, la maison terminée, nous avons ajouté de nombreuses espèces de noyers noirs, certains issus des propriétés voisines ou de Gananoque — sur le lac Ontario, à environ une heure au sud-ouest par rapport à nous —, d'autres nous étant offerts, donnés ou même laissés en héritage.

Quand nous avions tous les deux un peu de temps libre, nous nous lancions dans des expéditions pour dénicher des plantes localement, dans l'est de l'Ontario. J'avais mis au point une liste de critères pour identifier les arbres de grande qualité, dont beaucoup tombaient à ce moment-là sous les assauts des tronçonneuses. Je me concentrais sur ce qui avait trait à la taille et à la bonne santé du spécimen, à sa provenance et à la logistique qu'impliquait sa préservation (quand il produirait des graines et à qui appartenait la terre sur laquelle il poussait). Je voulais des arbres aussi proches que possible de la forêt primaire, car leur génome est le plus sain, bien que seuls les plus petits aient été laissés debout dans la plupart des cas. Ces arbres, issus de forêts canadiennes vieilles de plusieurs milliers d'années, sont les meilleurs que j'ai pu trouver : des espèces presque parfaitement adaptées au climat et équipées pour lutter contre les maladies.

Afin d'identifier les secteurs potentiellement riches, Christian et moi avons étudié des cartes topographiques et aériennes. Les premiers colons ont déforesté d'abord sur les « bonnes » terres : des parcelles plates, arables, adaptées à l'agriculture et à la construction. Les collines, les gros rochers ou les marais posant plus de difficultés, ce genre de terrain avait davantage de chances d'être resté intact. C'est là qu'on trouvait encore des arbres indigènes de qualité. Nous avons aussi écumé les fermes centenaires, fondées il y a cent à cent cinquante ans, comme leur nom l'indique, et dans l'idéal restées aux mains d'une même famille. Quand je repérais un arbre qui valait le coup — et je hurlais parfois à Chris d'arrêter la voiture pour aller jeter un coup d'œil à un spécimen qui poussait sur le bas-côté —, nous cherchions à qui appartenait la terre. Si leur arbre avait vraiment quelque chose de spécial, nous rencontrions les propriétaires et nous leur en parlions.

Je me rappelle madame Fern, une vieille dame seule, propriétaire d'un terrain sur le Saint-Laurent. Elle avait le plus gros spécimen de caryer ovale que nous avions jamais rencontré. J'ai toqué à sa porte, et elle a ouvert. Je lui ai expliqué que nous n'avions jamais vu de caryer aussi impressionnant que le sien au cours de nos expéditions, déjà nombreuses, et que je le pensais rescapé d'une forêt primaire. Cet arbre poussait entre la route et la ligne électrique, et madame Fern nous a raconté que, quelques semaines avant notre visite, la compagnie d'hydroélectricité avait voulu le couper pour faciliter l'accès du camion à nacelle. Elle avait sollicité un délai de réflexion. « J'avais le sentiment qu'il ne fallait pas accepter, et maintenant je vais leur dire de ne pas le couper. »

Madame Fern nous a invités à prendre le thé. Ce que je lui avais appris sur son arbre la ravissait, de même que ma demande qu'elle le préserve et qu'elle inclue dans tout éventuel acte de vente une clause imposant aux acheteurs d'en faire autant.

Découvrir qu'on a un arbre hors du commun peut faire beaucoup de bien. Ce caryer ovale est encore debout aujourd'hui, rescapé solitaire des tronçonneuses.

Souvent, je demandais la permission de prélever des graines ou des boutures sur un spécimen qui m'avait tapé dans l'œil. On ne m'a jamais dit non. Je ramenais ces échantillons à la ferme, je les mettais en quarantaine le temps de m'assurer qu'ils n'étaient porteurs d'aucune maladie, et je testais leur croissance. Les espèces qui s'en tiraient le mieux étaient ensuite définitivement plantées sur notre propriété, et rejoignaient ma collection, la crème de la crème des espèces indigènes rares. C'était mon arboretum d'arbres canadiens.

Il y a un siècle, la région dans laquelle nous vivons était assez pauvre. Bon nombre de fermiers avaient de très grands vergers, et ils pelaient, séchaient ou conservaient autrement les fruits pour se nourrir pendant l'hiver. Leurs pommiers étaient des variétés russes, adaptées au froid et croisées ici. Ils avaient aussi des poiriers et des pruniers, en moins grand nombre, et des griottiers venus d'Irlande. Certains endroits avaient aussi d'intéressantes collections de pommiers sauvages. Une variété locale donnait des fruits délicieux. J'en avais trouvé un tout petit spécimen, que je n'ai pas réussi à bouturer et qui est mort ; je crains que cette variété ne soit perdue, à présent. Quand Christian et moi cherchions des fruitiers à ajouter à notre verger, nous nous mettions en quête de vestiges de fermes dans les secteurs inhabités identifiés comme des terres agricoles sur les vieilles cartes, et toutes mes roses viennent de boutures prélevées dans des cimetières oubliés : autrefois, on plantait des rosiers près de la tombe des êtres chers.

J'ai également créé mon allée des simples perdus d'Amérique du Nord. La philosophie biochimique qui préside à ce secteur du jardin est basée sur les aérosols, ou composés organiques volatils (COV), libérés par les plantes, le fondement scientifique de bon nombre de vieux remèdes autochtones. Leurs propriétés curatives m'intéressent particulièrement en tant que scientifique. En tête de liste des plantes que je voulais trouver figurait une pivoine noire qui sent le chocolat. Il en restait une dans le monde, dans la collection de l'université d'Oxford. En médecine traditionnelle chinoise, la pivoine, *Paeonia officinalis,* est un vasoconstricteur puissant, aussi utilisé pour débarrasser la vessie et les reins de leurs calculs. Après dix années à chercher, j'ai envoyé une supplique à l'université, et bientôt sont arrivés dix tubes à essai sur leur support, dans lesquels dix petits clones somatiques prélevés sur la plante mère gisaient sur un milieu d'agar-agar. J'ai réussi à les faire pousser. Quatre ans plus tard, les pivoines florissaient, toutes différentes, simples ou doubles, plus ou moins noires. J'ai croisé les plus foncées pour produire une version plus noire encore, et elles forment le cœur de ma collection de pivoines. Je leur rends visite quand elles fleurissent, en juin, une tasse de thé à la main, pour les encourager.

Mes recherches et les expéditions avec Chris ne sont pas la seule manière dont les plantes sont arrivées jusqu'à notre ferme. Le chêne immense que j'admire à présent depuis la fenêtre de ma cuisine a été planté par des écureuils il y a vingt-cinq ans. On me lègue aussi des plantes. La première fois, il s'agissait d'un groseillier développé à la ferme expérimentale. Celui qui me l'a légué y était phytogénéticien. Jusqu'à récemment, j'écrivais pour des jardins botaniques partout dans le monde. Je me faisais payer en nature, choisissant dans leurs listings des plantes à rapatrier, avant de leur demander des graines ou des boutures. J'étais toujours en quête de surprises, et je continue. Au Canada, j'ai également consulté des populations autochtones ; la description de ce qu'elles cherchaient dans un secteur donné m'a dirigé vers de nombreuses espèces que je n'aurais jamais trouvées seule, et je suis fière que certaines personnes parmi ces populations m'aient surnommée « la gardienne des simples ».

Les vieux fermiers ont été une autre source abondante de savoir. Un voisin du nom de Grant Baker m'a raconté que, pendant un hiver particulièrement maigre des années 1930, il avait lâché tout son troupeau de cheviots dans une forêt de cèdres blancs du Canada, *Thuja occidentalis.* N'ayant pas de quoi nourrir les moutons et ne voulant pas les voir mourir de faim dans son étable, il les avait mis à l'abri des arbres. Ses bêtes avaient survécu grâce aux cèdres et étaient revenues au printemps, toujours en forme. En me penchant sur la question, j'ai découvert que l'hiver provoque une modification chimique chez le cèdre blanc, qui produit alors un composé similaire à la vanilline, la delta-fenchone, un exhausteur de goût naturel. Les cerfs l'apprécient et semblent le trouver très à leur goût, mais tous les mammifères ongulés peuvent manger les feuilles vertes du cèdre tout l'hiver. Plus tard, j'ai appris que les peuples autochtones l'appellent l'arbre de vie pour cette raison : il offre ses cônes aux passereaux et ses feuilles vertes aux ongulés et aux lapins.

Certains amis se sont aussi donné beaucoup de mal pour me procurer des plantes. J'ai un cerisier blanc dont je croyais la variété perdue jusqu'à ce que des amis allemands, Heidi et Norbert Weiler, m'en dégottent un sur une ferme des Alpes. Le couple âgé à qui celle-ci appartenait comptait faire abattre les leurs quand Heidi et Norbert leur ont demandé de ne pas le faire. « Je connais une femme au Canada qui cherche précisément cette variété de cerisier », a dit Heidi. J'ai envoyé des instructions sur la façon de préparer les fruits avant l'expédition. Ces cerises blanches aigres doivent fermenter avec leur noyau avant de pouvoir germer et de donner un arbre. Je suis maintenant prête à réintroduire cette espèce.

Un élément qu'ont en commun bon nombre des espèces qui finissent sur notre ferme, c'est le coup de pouce du destin, la chance qui a présidé à leur redécouverte, comme dans le cas de ces cerisiers blancs ou du caryer de madame Fern, chez qui nous sommes arrivés juste avant que la plante ne soit coupée et perdue à jamais. C'est un peu comme si je déployais une énergie inquisitrice dans le monde quand j'espère retrouver une espèce et que, coup du sort, celle-ci me répondait et passait ma porte quelques jours ou semaines plus tard.

Cette issue heureuse ne paraissait pas possible dans le cas de l'orme de Samarie, *Ptelea trifoliata*. Il s'agit en apparence d'un petit arbre banal, guère plus qu'un buisson, mais le *Ptelea* poussait autrefois dans les forêts de l'Ontario et c'était un arbre sacré pour les Premières Nations. Quand les pionniers sont arrivés — des familles meurtries, qui avaient besoin de bois de chauffage —, les autorités coloniales leur ont expliqué que, pour devenir propriétaires de leur terrain, ils devaient entièrement le déboiser. Ils gardaient en général un ou deux gros érables parce qu'ils tenaient des populations autochtones qu'on pouvait en tirer du sirop. Le gardien du feu de la nation mohawk d'Akwesasne m'a raconté que son peuple avait aussi recommandé aux colons de ne pas abattre l'arbre sacré qu'était *Ptelea*. Ils n'ont pas écouté.

Toutes les Premières Nations qui le connaissaient se servaient de *Ptelea trifoliata* dans leur médecine traditionnelle. Malgré son apparence parfois piteuse, cet arbre contient un actif synergique qui stimule les principaux organes et augmente leur métabolisme. Il permet au corps de faire un usage efficace des remèdes et accroît leur action tout en permettant de réduire la posologie nécessaire. Par exemple, en médecine moderne, si vous aviez besoin d'une chimiothérapie et que vous preniez votre traitement avec *Ptelea* en complément, les dosages seraient fortement réduits. On parle de produit synergiste. Quand il y a moins de substances de chimiothérapie dans le corps, on supporte mieux les effets secondaires, on élimine plus facilement les produits et on guérit mieux. Une variété de ce petit arbre figurait sur ma liste depuis vingt-cinq ans, mais il semblait avoir été éliminé sur le sol canadien, voire poussé à l'extinction. J'avais presque renoncé à le trouver.

Vers l'an 2000, j'ai participé à une émission pour CBC/Radio-Canada qui a mené à une série de programmes destinés à être diffusés par différentes radios en Floride. Au cours de mes recherches, j'avais découvert que les Séminoles utilisaient eux aussi *Ptelea,* et je me disais donc que la Floride était peut-être le dernier bastion de cette variété. Espérant qu'un auditeur motivé parte en quête d'un *Ptelea trifoliata cressidifolia* en pleine nature, j'ai donné des instructions précises à la radio. J'ai expliqué ce qu'il fallait chercher et à quoi un arbre adulte pourrait ressembler d'après moi. Il n'en existait aucune description, mais j'ai fait de mon mieux. J'ai également indiqué quand chercher : de la fin juillet à l'automne, quand ces arbres portent une samare caractéristique, fine et ronde comme une grosse pièce ou une hostie. Ensuite, j'ai fait suivre cette description à des naturalistes dans tout l'est des États-Unis. J'ai reçu des réponses aussi bien aux courriers qu'aux émissions, me faisant savoir qu'un tas de gens ouvraient l'œil, mais qu'aucun n'avait réussi à localiser cette variété de *Ptelea*.

Après l'échec de ces efforts, j'ai considéré cet arbre perdu. Un sentiment effroyable. On ne recrée pas le vivant. Quand il n'est plus, il n'y a pas de retour possible. Cet arbre avait autrefois une immense valeur, et je pensais qu'il pouvait toujours en avoir pour l'avenir, mais au lieu de cette puissance positive, capable de soigner, nous avions une soustraction, un trou en forme d'arbre — et du remède qui allait avec.

Cinq ans plus tard, j'étais à Fort Worth, au Texas, où on m'avait demandé de faire une semaine d'interventions sur le changement climatique dans les écoles. Sur place, j'ai reçu une invitation de la part d'une femme très riche que nous appellerons Maria, me proposant de me joindre à elle pour un thé matinal. J'ai accepté, mais j'ai manqué annuler le jour même. Je logeais chez une amie chère, Ginger, qui m'avait installée dans un lit à baldaquin si haut qu'il fallait grimper quelques marches pour y accéder. Au réveil, ayant oublié les marches, je suis tombée et me suis écorché les jambes. J'ai juré comme un charretier ! J'étais attendue à huit heures pour le thé, et je ne voulais pas y aller dans cet état, mais mon amie m'a convaincue de prendre sur moi.

Une voiture avec chauffeur m'a amenée devant les grilles d'une immense propriété. Le chauffeur a enfoncé un bouton pour les ouvrir et s'est engagé dans l'allée. Partout à l'intérieur, il y avait des hommes armés en tenue tactique : Maria entretenait une armée privée.

Un majordome m'a accueillie à l'entrée et m'a guidée jusqu'à la bibliothèque, une vaste pièce, comme il se devait. Van Gogh, Dali et Renoir ornaient les murs. Maria m'attendait avec le thé. Elle m'a proposé un siège ainsi qu'une grande assiette — une vieille porcelaine chinoise de la famille rose — sur laquelle reposait un biscuit. Ne pouvant pas me permettre de casser cette antiquité, je l'ai posée sur une table pour manger le biscuit.

Comme nous discutions, Maria a fait une remarque sur mon nom : « J'ai eu des voisins qui s'appelaient Beresford.

— Ah oui ? Où ça ?

— En Arizona et au Nouveau-Mexique.

— C'étaient des membres de ma famille. » Une pensée m'a alors frappée. « Vous possédez donc des terres au Nouveau-Mexique ?

— Oh, oui.

— Combien de ranchs ?

— J'en ai six.

— Eh bien ! Auriez-vous par hasard une montagne ?

— En effet.

— Une montagne rocailleuse ? » Mon cerveau était en ébullition : *Ptelea* pousse dans la rocaille. Ses racines ont besoin de plus d'oxygène que beaucoup d'autres arbres.

Maria a confirmé que sa montagne était rocailleuse.

« Avez-vous jamais coupé les forêts sur l'un de ces ranchs ?

— Non, tout est resté en l'état. »

La famille de Maria possédait ces terres depuis de nombreuses années. Pressentant à raison que je serais intéressée, elle m'a révélé que, bien des années plus tôt, ils avaient chargé un botaniste de classifier le plus de végétation possible sur les divers ranchs. Le scientifique en question avait composé un herbier, qu'elle conservait sur l'une de ses propriétés.

J'étais si surexcitée que j'ai eu la plus grande peine à formuler ma question : « Avez-vous un *Ptelea trifoliata cressidifolia* dans cette collection ? »

Elle était incapable de me répondre au débotté, mais elle a promis de demander à l'un de ses gérants de vérifier. « Nous serons fixées demain. »

Le lendemain, elle m'a appelée. « Je vous invite à la maison, a-t-elle dit avant d'ajouter : Le champagne est au frais. »

Je fus de nouveau introduite dans la bibliothèque. Maria m'attendait, champagne débouché. Trois de ses fils et plusieurs de ses petits-fils patientaient en rang d'oignons. Les plus petits portaient un nœud papillon. Tous tenaient un verre. Chacun des garçons s'est approché pour me serrer la main, puis Maria a déclaré : « Je dois vous annoncer que nous avons un *Ptelea trifoliata cressidifolia.*

— Vous plaisantez ! »

J'aurais volontiers bondi à travers toute la pièce, mais il y avait trop d'enfants et d'objets précieux pour m'y risquer.

Maria m'a doucement ramenée à la réalité : le fameux herbier avait été établi cinquante ans plus tôt. Même s'ils n'avaient jamais taillé la végétation du ranch dont venait son spécimen, rien ne garantissait que le *Ptelea* y poussait encore. J'ai annoncé à Maria que je devais quitter le Texas deux jours plus tard, et elle m'a demandé si j'accepterais de revenir. « Redescendez, et nous irons jusqu'au plus gros ranch pour voir s'il reste des spécimens de *Ptelea* », a-t-elle proposé. Je me suis empressée d'accepter.

Des mois se sont écoulés entre cette lueur d'espoir et le moment où nos emplois du temps ont coïncidé, nous permettant ce voyage exploratoire. L'intervalle m'a fait l'effet de montagnes russes émotionnelles. Chaque jour, j'oscillais entre moments d'espérance, où j'étais persuadée que le *Ptelea* était redécouvert, et moments de désespoir total, où j'étais incapable de me défaire de l'idée qu'il était perdu à jamais. Le *Ptelea* peuplait même mes rêves, comme un mirage qui disparaissait chaque fois que je m'en approchais.

Je suis donc revenue à Fort Worth et ai passé la nuit chez Maria. Le lendemain matin, Allan, le pilote de son jet privé, nous a emmenées jusqu'à son ranch, où j'ai appris qu'elle avait loué un hélicoptère. Le pilote, un vétéran de la guerre du Vietnam, m'a emmenée procéder aux recherches : allongée sur des sangles de cuir entrecroisées, suspendue sur le côté de l'hélicoptère, je scrutais le terrain à l'aide de grosses jumelles de marine. Je suis restée accrochée à cet hélicoptère pendant quatre jours entiers tandis qu'il quadrillait les plus de cinq cents kilomètres carrés du ranch. Au matin du dernier jour, il y avait beaucoup de rosée, chose qui n'arrive pas souvent au Nouveau-Mexique. La rosée s'est accrochée sur les samares circulaires du *Ptelea,* qui se sont mises à refléter le soleil. Même depuis notre altitude de croisière, c'était immanquable : l'arbre paraissait brandir des poignées de pièces luisantes. « Descendez ! », ai-je hurlé au pilote sur le canal radio. J'étais si surexcitée que j'en ai oublié un instant que j'étais suspendue à un hélicoptère.

Il nous a posés sur une colline rocailleuse. J'ai bondi, oublieuse de la présence possible de serpents. J'ai couru droit à l'arbre, l'ai enveloppé de mes bras et me suis mise à pleurer. Les larmes ne s'arrêtaient pas.

De retour au ranch, j'ai annoncé à Maria que j'avais réussi, et elle est venue voir l'arbre avec moi. L'après-midi était déjà bien avancé à ce stade, et la rosée s'était évaporée. Sans elle, le *Ptelea* était presque invisible, impossible à distinguer de la végétation qui l'entourait. Et il n'y en avait qu'un seul spécimen adulte sur tout le ranch. Maria a débouché une autre bouteille de champagne, et il ne m'a fallu qu'un verre pour lui révéler que je me conformais désormais littéralement au stéréotype du *tree-hugger,* l'écologiste qui, pour les esprits chagrins, « fait des câlins aux arbres ».

12

Fendre le bois

J'ai quitté mon poste à l'université d'Ottawa en 1982. Cela faisait huit ou neuf ans que nous vivions sur notre terrain, la ferme commençait à prendre forme, et notre maison à paraître réellement habitée. Les jardins s'étendaient (ils occupent plus de trois hectares aujourd'hui). Le verger donnait enfin sérieusement. Nous avions planté un grand cercle de noyers noirs devant la maison pour matérialiser l'allée. Des haies autour des jardins et des champs augmentaient la quantité de nectar et de pollen disponible, encourageant les oiseaux et les insectes à venir et à rester un moment. Nous entretenions nos soixante-cinq hectares à l'aide de produits bio : pulvérisation d'huile de dormance, de soufre, badigeon de chaux et autres, des pratiques exceptionnelles à une époque où tous les champs cultivés du secteur dégoulinaient de pesticides. Depuis toute petite, j'adorais la nature et je rêvais d'être entourée de verdure. Sur cette propriété, je pouvais travailler chaque jour sur mon règne végétal adoré.

Mon beau-père, Hermann Kroeger, était directeur adjoint du centre de vol spatial Marshall et avait joué un rôle dans le programme Apollo. Je me souviens d'une histoire qu'il m'a racontée à propos de ses études en Allemagne. Il était en stage d'application pour son *Diplom* en ingénierie aéronautique et étudiait certains matériaux avec lesquels on lui demanderait peut-être un jour de construire une fusée, un avion ou tout autre moyen de transport auquel les gens remettaient leur vie. Son professeur lui a alors confié un tonneau rempli de pièces métalliques, une lime et une mission très simple : polir toutes ces pièces à la main. Elles devaient être parfaitement lisses.

Cela lui a d'abord semblé être une tâche absurde, voire cruelle. À certains moments, pendant les journées passées à limer ces pièces, il était convaincu qu'il s'agissait d'un abus de pouvoir de la part de son professeur. Il en est sorti avec des courbatures, un tas de limaille, des pièces polies et, m'a-t-il assuré, une compréhension de ce matériau bien supérieure à celle qu'il avait quelques jours plus tôt. Cette simple tâche a joué un rôle crucial dans l'envoi d'un homme sur la lune. À la ferme, je cherchais ma propre version de cette corvée de polissage. Je voulais m'immerger dans la nature au point de la comprendre aussi intimement que ceux que j'aime ou que les méandres de mon esprit.

Ainsi entourée par la nature, nourrie d'elle, je pouvais faire une découverte à tout moment. En regardant Chris abattre sa hache sur un arbre mort afin de le débiter en rondins pour le poêle, je voyais parfois les mêmes spirales sombres s'enrouler sur l'écorce des bûches. En entassant celles-ci, j'interprétais ces spirales comme un signe de pourrissement. La plupart du temps, c'était le cas, mais après avoir examiné je ne sais combien de milliers de bûches au fil de nombreuses années j'ai fini par distinguer des nuances subtiles. Une traînée de pourpre, rose ou jaune accrochait mon regard et, tout à coup, je me rendais compte qu'il ne s'agissait pas de pourriture, mais d'un champignon qui ne poussait pas seulement sur l'arbre, mais à l'intérieur de celui-ci. J'ai aussi remarqué que chaque espèce abritait deux ou trois champignons spécifiques, différents de ceux des autres espèces.

Qu'est-ce que cela signifiait ? Ces champignons appartenaient tous à l'ordre supérieur de leur règne ; ils étaient plus évolués que d'autres formes de vie fongique et très sophistiqués dans la production de composés biochimiques (dont bon nombre sont trop complexes pour qu'on les copie en laboratoire). Les champignons se servent de ces composés pour attaquer l'arbre, qui se défend en produisant son propre éventail de substances chimiques. Tous ces actifs, que j'ai étudiés au microscope, ont des propriétés médicinales. De ce conflit résultent donc la production de remèdes et la libération par les arbres d'aérosols bienfaisants dans l'atmosphère. Des études cliniques montrent aujourd'hui que beaucoup de ces espèces d'arbres stimulent le système immunitaire et protègent le corps de divers cancers.

Il faut couper l'arbre et fendre des bûches, encore et encore. Il faut voir le monde de ses propres yeux pour remarquer qu'il se passe quelque chose, quelque chose qu'on ne comprend pas vraiment. Cette immersion participait du désir que j'avais éprouvé de posséder cette terre, et les observations que j'en ai tirées, les détails en apparence insignifiants que j'ai remarqués et voulu comprendre ont posé les bases des idées les plus importantes de ma vie.

Je ne partais pas non plus désarmée dans les jardins, les champs et les forêts. J'avais toute ma formation scientifique, des savoirs et des techniques de référence à l'aune desquels je pouvais mesurer et analyser ce que j'observais. J'avais la liberté d'être dégagée des institutions, la place d'être moi-même et de poursuivre ce qui éveillait ma curiosité sans ingérence extérieure. J'avais l'amour, la confiance et le soutien de Christian, puis ceux de notre fille, Erika, des sources de force incroyables. J'avais la solitude et le désespoir d'une existence aux marges, des émotions effrayantes et parfois douloureuses qui ont le pouvoir de vous réduire à votre essence brute, dépouillée de tout. J'avais mon regard de peintre sur la beauté, capable de m'amener à une découverte aussi sûrement qu'un raisonnement logique. Et enfin, j'avais le savoir ancestral de Lisheens et la perspective que celui-ci m'avait donnée sur la nature comme source sacrée de tout ce dont la planète et nous avons besoin.

Ce que je n'avais pas, c'étaient des ressources financières abondantes. Si je voulais creuser un sujet, il fallait pouvoir le faire à moindre coût et donc, comme je l'avais fait en sélectionnant pour mon mémoire des espèces qui tenaient dans les chambres de culture, je m'imposais des contraintes logistiques. Mais celles-ci existent à un degré ou à un autre pour n'importe quel scientifique, et avec un peu d'ingéniosité on peut toujours faire durer un dollar ou tordre une idée. J'avais également de la chance : le monde que je pouvais observer gratuitement sur la ferme ne cessait jamais de me fournir des questions auxquelles je brûlais de répondre. Notre terrain lui-même était le laboratoire rêvé pour mettre mes idées à l'épreuve.

Dès le début, Christian et moi avons quadrillé la ferme comme je le ferais plus tard pour le ranch de Maria, en quête de vieilles souches, derniers vestiges des forêts primaires de la région. C'est à cette occasion que nous avons découvert l'immense souche de *Thuja occidentalis,* et j'ai remarqué que bon nombre des anciens géants que nous rencontrions, en dehors des cèdres, étaient des caryers. Leur taille était stupéfiante : des souches de trois mètres de diamètre, des arbres si énormes que les hommes qui avaient déboisé la zone il y a tant d'années avaient eu le plus grand mal à les évacuer. S'ils avaient si bien poussé, on pouvait légitimement en déduire qu'ils étaient adaptés à la région. Ma curiosité piquée, j'ai commencé à étudier les caryers. Je me suis penchée sur leur poids, le volume de leur bois et leur capacité à piéger le dioxyde de carbone ; j'ai constaté que, dans cette partie orientale du Canada, les caryers rivalisaient d'efficacité avec les chênes en termes de stockage du dioxyde de carbone (CO_2).

Je suis en admiration devant les caryers. Il s'agit d'un genre extraordinaire. Il y en a une vingtaine d'espèces, essentiellement en Amérique du Nord, mais on en trouve jusqu'en Amérique centrale, avec une pauvre orpheline en Chine. Ils correspondent parfaitement à ce continent si long, où ils peuvent absorber les excès de rayonnement solaire. Les caryers étaient traditionnellement des arbres nourriciers pour les peuples autochtones, qui à partir de leurs noix fabriquaient un fromage, une huile, un lait, une crème et une boisson alcoolisée, et semblaient ne pas souffrir de la multitude de maladies cérébrales que nous connaissons aujourd'hui. Le rôle de premier plan qu'ils pourraient jouer dans la lutte contre le changement climatique résulte de leurs besoins massifs en dioxyde de carbone atmosphérique pour grandir et produire d'énormes récoltes de noix d'une grande valeur. J'ai planté presque toutes les espèces de *Carya* dans mon arboretum, mais je cherche encore un *Carya tomentosa,* dont les peuples autochtones du nord-est des États-Unis et du sud-est du Canada se servaient pour fumer la viande et les légumes à des fins de conservation. Le caryer lacinié, *Carya laciniosa,* est mon arbre préféré entre tous.

En observant les arbres que j'ai plantés au fil du temps, j'ai constaté certaines choses de première main. Je connaissais depuis longtemps les effets inhibiteurs sur les autres plantes de certains actifs produits par les noyers, par exemple, et j'en ai eu la preuve empirique dans mon arboretum. Même plantés à vingt mètres d'un noyer, les arbres réceptifs à ses actifs, comme les pommiers, les poiriers, les pruniers et les aubépines, ont fini par y succomber, même si cela a pris près de trente-cinq ans. J'ai ainsi perdu quelques hybrides que j'aimais beaucoup, et certains cèdres ont aussi été affectés.

L'observation de la faune a mené à des découvertes similaires qui ont confirmé des pratiques de longue date. Nous avons laissé de grandes étendues en friche dans nos champs pour que les oiseaux puissent s'y adonner aux bains de terre grâce auxquels ils se débarrassent des parasites. En mars, chaque année, nous nettoyons tous les nichoirs et nous les remplissons de cendre de bois fraîche pour que les voyageurs au terme d'un long vol migratoire puissent y ébouriffer leurs plumes et profiter de leur bain en intérieur. Autour de certains de nos champs et jardins se dressent des murs de pierres sèches ; serpents, tritons et salamandres hivernent avec bonheur contre eux ou entre leurs pierres, à l'abri des prédateurs. En prévision de la saison froide, je fais des petits tas de feuilles au pied des murs, comme autant de petites tentes, afin que les coccinelles y trouvent refuge. Et qui aurait cru que les porcs-épics, les cèdres et les cerfs entretenaient un lien permanent ? En hiver, quand le sol est couvert de neige, le porc-épic quitte son terrier à la nuit tombée pour couper des branches de cèdre. Il en mange quelques-unes et laisse le reste à terre pour les cerfs affamés.

En plus de la plantation d'espèces rares et autochtones, ces efforts plus limités et ciblés s'imbriquaient aussi en vue d'un objectif plus vaste : celui d'accueillir chez nous la vie sous toutes ses formes. Mes jardins ne seront jamais des lieux de beauté stérile où des fleurs magnifiques prélevées aux quatre coins du globe contemplent le reste du monde derrière une barrière de privilèges. Est-ce un goût inné ou bien l'ai-je acquis à Lisheens ? En tout cas, j'aime la beauté ouverte et active, l'émerveillement qui naît des relations complexes entre tout ce qui est vivant.

J'ai ainsi un saule qui a été planté il y a une vingtaine d'années, alors qu'il n'était qu'une bouture de moins de dix centimètres ; c'est à présent un grand arbre fin. Au début de l'été dernier, j'ai remarqué une rangée de trous — minuscules, entre un et deux millimètres de diamètre — dans son écorce à un mètre quatre-vingts du sol. C'était clairement l'œuvre d'un *Sphyrapicus varius,* un pic maculé, connu pour se nourrir de sève. L'espèce autochtone de l'est du Canada, avec son ventre jaune, est considérée comme nuisible par bien des jardiniers, non sans raison. Le pic maculé creuse des trous dans les troncs afin que la sève, le sucre de l'arbre, s'y accumule. Il inflige ces blessures à des arbres vivants. Quand les sources de sève manquent, les dégâts qu'il cause peuvent mener à la mort de l'arbre.

Plutôt que de chercher le moyen de chasser ces oiseaux, j'ai observé et attendu. Deux semaines après que les pics maculés eurent achevé leur œuvre et mangé à leur faim, des papillons ont commencé à apparaître en grand nombre au niveau des trous. Dans l'intervalle, la sève de surface avait cristallisé. Les papillons venaient profiter à leur tour d'une dose de sucre ainsi que des électrolytes de l'arbre, auxquels ils n'auraient pas eu accès sans le dur labeur des pics. C'est à ces électrolytes qu'on doit les couleurs sur leurs ailes.

D'ores et déjà, j'avais été l'heureux témoin d'un magnifique ballet, et quand les papillons sont partis, j'ai vu qu'ils avaient laissé la musique derrière eux. Les trous creusés par les pics sont idéaux pour les ichneumons, des hyménoptères parasitoïdes qui débarrassent les jardins de tout un éventail de nuisibles. La nature est très tolérante, à sa façon, mais elle ne supporte qu'une ingérence limitée. Si je n'avais pas suivi cette rangée de trous tout l'été, je n'aurais pas compris leur importance, ni été témoin de cette chaîne captivante. Si j'avais chassé les pics maculés — comme beaucoup de jardiniers se seraient empressés de le faire —, j'aurais potentiellement perdu les papillons et les ichneumons. On apprend toujours quelque chose en passant la journée dehors. Parfois, il s'agit d'un simple détail, mais celui-ci peut être la clé qui permet de comprendre des phénomènes complexes. La découverte de ces détails et de la manière dont ils s'imbriquent et ont des répercussions sur toute la toile du vivant, voilà une des vraies beautés de la nature. C'est ce que je cherchais à cultiver.

Je peux dire aujourd'hui que l'intégralité de nos soixante-cinq hectares est pensée de façon à encourager la vie. Les haies que nous avons plantées en périphérie attirent des oiseaux et des insectes, qui trouvent amplement de quoi se nourrir et se loger quand ils arrivent, ainsi qu'un répit face à l'offensive chimique qu'ils subissent presque partout ailleurs. Des détails tels que l'emplacement des nichoirs sur notre promenade des Merles bleus ou la décision de laisser les pics maculés tranquilles s'inscrivent dans une démarche cohérente. En contemplant le tout, on pourrait facilement croire qu'un plan unique a présidé à l'aménagement de notre ferme. Ce n'est pas faux. Dès le début, l'idée consistait à tendre vers le plan inhérent de la nature, mais depuis mon point de vue très terrien, pendant toutes ces années, j'ai mis du temps à m'en rendre compte.

J'ai commencé à sauver des espèces simplement parce que je les estimais trop importantes pour qu'on les laisse disparaître. Quand j'ai choisi d'insister sur la résistance au gel et à la sécheresse, c'était parce que le travail fait pendant mon master et les leçons tirées des espèces intermédiaires que j'ai étudiées en réécrivant les cours de botanique de troisième année m'avaient convaincue que la déforestation mènerait tout droit au changement climatique.

Le déboisement ne donnant pas de signes de ralentissement au niveau mondial, je n'avais aucune raison de penser que nous éviterions un avenir dans lequel seules les espèces les plus rustiques pourraient espérer survivre. La biodiversité telle que nous la comprenons appartiendrait au passé.

Nombre d'autres caractéristiques de la ferme sont le résultat de nos tâtonnements, en particulier la distance de sécurité qui sépare désormais le verger des noyers. Comme n'importe quel jardinier, j'ai tenté beaucoup de choses qui n'ont pas marché. J'avais un pêcher 'Reliance', une variété capable de survivre à l'hiver canadien, mais je l'ai greffé sur un porte-greffe qui ne l'était pas. Quand le froid a tué l'ensemble, j'ai perdu mon pêcher. Je sais aussi qu'un pêcher résistant à l'hiver est une possibilité bien réelle, bien que je n'aie plus le temps de le développer avant ma mort.

Nous vivions sur la ferme depuis près de dix ans quand la vision de notre propriété comme une unité m'est enfin clairement apparue. Je me suis réveillée un matin devant le spectacle d'un cardinal rouge qui me fixait depuis une branche de l'abricotier couverte de fleurs roses en étoile. J'ai alors vécu un instant d'harmonie, où j'ai mesuré pour la première fois tout ce que j'avais construit en partenariat avec le monde naturel de l'autre côté de ma fenêtre.

J'ai inventé le terme « bioplanification » pour décrire ma démarche. Comme beaucoup de choses dans la nature, il s'agit d'un concept simple qui ouvre sur d'infinies complexités. Comme je l'ai écrit ailleurs, le bioplan est « un schéma directeur de toute l'interconnexion de la vie dans la nature ». C'est la toile visible et invisible qui relie le saule au pic maculé, au papillon et à l'ichneumon, et qui les relie tous à nous. C'est le cadre évolutionnaire, l'équilibre, le donnant donnant qui permettent à la vie d'exister et de prospérer sur notre planète. La bioplanification, c'est l'acte de faciliter et d'encourager le bioplan. Dans un jardin ou sur une ferme, cela implique de réaligner le jardin pour favoriser son utilisation comme habitat naturel.

Voir pour la première fois la façon dont la totalité de la ferme s'intégrait dans un unique bioplan fut une expérience quasi religieuse. La vérité fondamentale de la nature existe en permanence autour de nous. En restant ouverte à celle-ci et en réagissant lorsque j'en apercevais quelque chose, j'avais bâti petit à petit un tout substantiel, juste et sincère de bout en bout. Des enseignements plus vastes et généralisables, voire une feuille de route, pointaient derrière cette première prise de conscience, des enseignements qui mêlaient les expériences de toute une vie, depuis mon enfance à Lisheens.

Le changement climatique est le plus grand défi auquel l'humanité ait jamais été confrontée. Il touche tout ce qui vit. L'appréhender dans toute sa complexité est une tâche colossale. Réfléchir à des solutions peut rapidement donner l'impression d'une impasse à n'importe qui. Le problème est si vaste que beaucoup de gens s'en détournent tout simplement et sombrent dans le déni. D'autres reconnaissent la véracité de ce que proclament tous les spécialistes du climat, mais décrètent cyniquement que les gens ne changeront jamais et qu'essayer de sauver la planète ne sert à rien : nous sommes tous condamnés. Soyons clairs : je n'ai pas de temps à perdre avec ceux qui préfèrent se boucher les oreilles ou jeter l'éponge.

Le jour où je suis allée avec Pat Lisheens moissonner les deux hectares du champ d'orge, la tâche paraissait insurmontable. Évidemment, comparé à la menace qui plane aujourd'hui sur toute forme de vie, deux personnes qui s'attaquent à un champ de céréales, ce n'est rien. Mais, dans notre tête et notre cœur, quand un problème paraît dépasser nos capacités, peu importe de combien : l'impossible reste impossible. Ce jour-là m'a appris qu'il fallait se lancer malgré tout. Il m'a appris que nos limites, qu'on soit seul ou plusieurs, se situent beaucoup plus loin que nous ne l'imaginons, et qu'il n'y a pas de situation désespérée.

Ce doux moment où j'ai compris que tous les efforts que j'avais fournis pour les plantes, les animaux et les insectes s'étaient mêlés, mutuellement amplifiés et démultipliés, m'a donné le même sentiment de pouvoir que cette journée de moisson avec Pat. J'avais procédé en sens inverse : au lieu de voir le but mais pas la manière d'y parvenir, j'avais vu les étapes sans comprendre qu'elles traçaient un seul chemin. L'enseignement à en tirer était le même. Une action positive, si minime soit-elle, contribue à atteindre un objectif plus vaste. Comme les fragments de savoir qui m'avaient été confiés pendant ma tutelle brehonne, chaque effort pour soutenir et encourager le monde naturel est aussi précieux que tous les autres. Humbles ou puissants, nous devons agir pour stopper le changement climatique. Nous sommes tous frères et sœurs dans la grande famille humaine, et le monde naturel est notre patrimoine commun.

Dans les années qui ont suivi cette première prise de conscience, j'ai élaboré un plan d'action pour mettre un coup d'arrêt au changement climatique. Il s'agit du bioplan mondial, une mosaïque d'efforts humains pour rebâtir le monde naturel, une mosaïque destinée à couvrir toute la planète. Ce n'est pas la solution miracle au changement climatique, mais un moyen de réparer les dégâts déjà causés et de gagner du temps pour nous permettre de trouver cette solution, de stabiliser le climat assez longtemps pour tordre le cou à nos comportements destructeurs.

Au cœur du bioplan mondial se trouve une idée simple. Si chaque habitant de la terre plantait un arbre par an pendant les six prochaines années, nous stopperions le changement climatique dans son élan. L'ajout de ces merveilleuses machines moléculaires, qui tirent du carbone de notre atmosphère, le fixent dans leur bois et rejettent de l'oxygène, mettrait un coup d'arrêt à la hausse des températures mondiales, qui se trouveraient ramenées à un niveau gérable. Il y a trois cents millions d'années, les arbres ont fait d'un environnement toxique par sa charge carbonique un milieu propice à la vie humaine. Ils peuvent répéter cet exploit.

Les choses ne se limitent pas à cette simple idée, toutefois. Et si on n'a pas la place ni les moyens de planter six arbres ? Comme je l'ai appris auprès de Pat Lisheens, et à nouveau quand j'ai mûri l'idée du bioplan, il faut faire le premier pas dont on est capable et y croire.

Un bioplan personnel peut prendre une forme très modeste, comme celle d'un pot sur le balcon d'un immeuble en ville. Une plante bénéfique, une menthe par exemple, libère des aérosols qui ouvrent les voies respiratoires. Elle en fait autant pour les animaux et pour d'autres petites créatures, et pour ceux que vous aimez et gardez près de vous. Le véritable but du bioplan personnel est que chacun crée et protège l'environnement le plus sain possible pour lui-même, sa famille, les oiseaux, les insectes et les animaux sauvages. Ce bioplan personnel se raccroche ensuite à celui du voisin, et s'élargit ainsi de façon exponentielle. Si chacun de nous commence par un simple gland et le soigne jusqu'à ce qu'il donne un chêne, un grand arbre que nous avons fait pousser, que nous protégeons et dont nous sommes le conservateur, si nous réfléchissons ainsi à grande échelle, alors la planète n'est plus menacée par notre avidité. Nous en devenons les gardiens. C'est un rêve qui consiste à essayer d'obtenir un monde meilleur pour tous les êtres vivants.

À l'évidence, il faut également protéger les forêts que nous avons déjà. C'est bien beau de planter chacun un arbre par an, mais si on déboise l'Amazonie et qu'on ravage la forêt boréale en parallèle, les effets positifs de nos six arbres seront grandement réduits. Les chiffres concernant la séquestration et la libération de carbone constituent à eux seuls un argument frappant pour arrêter la déforestation, mais il y a un autre argument majeur dans l'idée du bioplan. Quand on rase une forêt, on ne comprend qu'une petite part de ce qu'on choisit de détruire.

Bien que j'aie répondu à bon nombre de questions au cours de ma carrière dans les sciences, la liste des choses que j'espère savoir sur l'ordre naturel est plus longue aujourd'hui qu'au moment où j'ai quitté l'université d'Ottawa. Chaque substance médicinale que j'ai découverte dans une écorce, une feuille ou une racine, ou gracieusement libérée dans l'air, suggère la présence d'innombrables autres. Tous les liens invisibles ou improbables entre le monde naturel et la survie humaine me font penser que nous n'avons qu'une compréhension très limitée de ce dont dépendent nos vies. Nous sommes toujours incapables d'expliquer comment l'eau arrive au sommet d'un arbre, comment la plante défie la physique pour pousser l'eau à couler vers le haut. Comment peut-on raser une forêt quand de telles connaissances fondamentales échappent encore à notre entendement ? Quelle arrogance, quelle rapacité, quelle courte vue !

Dans cet effort de protection s'ouvrent encore d'autres perspectives de lutte contre le changement climatique. À plus grande échelle, nous pouvons nous liguer pour affronter les gouvernements et les industriels ; nous pouvons nous tenir informés des projets de destruction de forêts et les combattre. Je me suis impliquée dans beaucoup d'efforts de ce type. Même face à des multinationales, des organisations internationales et des gouvernements, nous avons gagné. Je me suis ainsi jointe à une campagne du groupe Friends of Redtail pour sauver une grande parcelle de forêt mature dans le comté de Pictou, qui longe le fleuve Saint-Jean sur la côte est du Canada. J'ai également rédigé le bioplan de la ville d'Ottawa et été conseillère scientifique auprès de nombreuses organisations écologistes au Canada comme à l'étranger.

À plus petite échelle, on peut endosser le rôle de gardien dans son propre quartier, sa ville, comme cela s'est fait de manière très efficace à Winnipeg, dans le Manitoba. Les habitants de cette ville se sont unis pour protéger leurs ormes blancs, *Ulmus americana,* en installant des bandes adhésives autour des troncs pour piéger le scolyte de l'orme, *Hylurgopinus rufipes.* Avant sa maturité sexuelle, le scolyte propage un champignon agressif et fatal, *Ophiostoma ulmi,* que nous essayons de résorber. Ces efforts en ont inspiré d'autres, ce sont des étincelles qui raniment notre conscience. Si vous avez un grand arbre dans votre rue, assurez-vous que votre conseil municipal sache qu'il vous est précieux. Chaque élection est l'occasion de mettre une personne qui se préoccupe des forêts en position de pouvoir et d'autorité.

Nous sommes un tout petit peu moins de huit milliards d'habitants sur terre à l'heure où j'écris ces lignes. Il faudrait ajouter environ quarante-huit milliards d'arbres aux forêts qui sont déjà protégées — d'où mon chiffre de six arbres par personne — pour absorber assez de CO_2 pour que cela stoppe le changement climatique. Quarante-huit milliards, cela peut sembler trop, mais il y a un moyen très simple d'y parvenir : faire le premier pas, et continuer.

13

L'arbre mère

Imaginez-vous en train de traverser un champ. Il fait beau, mais pas trop chaud. Vous marchez sur un mélange de graminées, de fleurs sauvages, de fougères et autres plantes. De temps en temps, vous franchissez une bande de terrain pelée, et l'odeur riche de la terre s'élève jusqu'à vos narines. À un moment, alors que vous traversez justement une zone de ce type, un gland tombe de votre poche.

Le destin sourit à ce gland perdu. Sa coque et sa cupule se séparent, et la graine à l'intérieur trouve un foyer accueillant. Sur des jours, des semaines, voire des mois, il fend son tégument et fait émerger du sol une unique pousse verte ; celle-ci déploie deux feuilles épaisses qui boivent la lumière et le dioxyde de carbone, et les transforment en énergie et en fibre. Il pousse, pousse… De graine, il devient arbuste, puis arbre adulte. Il se dresse vers le ciel, s'étale ; c'est la forme de vie la plus haute sur un bon périmètre.

Cette hauteur invite les oiseaux migrateurs, leur offrant un répit sur leurs trajets, nord-sud et sud-nord. Ces visiteurs ont les plumes couvertes d'une huile qui contient la forme réduite de la vitamine D. Par irradiation naturelle de la molécule, le soleil brise sa seconde liaison chimique et la transforme en une forme active de la vitamine D. Perchés sur le chêne à présent adulte, les oiseaux lissent leurs plumes et ingèrent ainsi la vitamine, ce qui les aide à combattre la maladie et à produire un plus grand nombre d'œufs viables. Ce faisant, ils délogent des graines nichées dans leur plumage et leurs pattes. Ils en excrètent également quelques-unes dans leurs fientes.

Les graines tombent à terre autour du chêne, et un certain nombre d'entre elles germent, comme le gland des années plus tôt. En tombant, les feuilles de l'arbre ont créé au fil du temps de l'humus, riche en acide humique, qui aide les racines des nouvelles pousses à absorber l'eau et les nutriments. S'il est fort, le chêne transfère même par ses racines du carbone et de l'hydrogène sous forme de nourriture aux plantes qui l'entourent, et notamment à sa propre progéniture, dans un échange qui tient de l'allaitement. Ses offrandes ne bénéficient qu'à certaines espèces, mais la liste en est longue. En plus des autres arbres, fougères, lichens et mousses profitent également de la générosité du chêne. Beaucoup d'arbres prospèrent dans l'ombre et attendent des générations pour pousser. Chacun d'eux nourrit quarante espèces différentes d'insectes. Le chêne est une métropole, et dans les trois cents ans qu'il a mis à atteindre la maturité, il a aussi donné naissance à une nouvelle forêt vierge.

Bref, la capacité à créer les conditions spécifiques nécessaires à l'apparition de tout un tas d'espèces est inscrite dans l'ADN de l'arbre. Le bioplan pour une forêt entière est là — si on lui donne le temps —, contenu dans le matériel génétique d'une graine unique. Évidemment, je ne pourrais pas être le témoin direct de tout ce processus. Pour comprendre comment un individu nourrit la forêt autour de lui, et parfois lui donne naissance, j'ai dû reconstituer tout cela en partant de la fin.

En 1995, pour marquer l'approche du millénaire, j'ai voulu faire quelque chose qui soit bon pour le Canada et qui encourage l'opinion publique à développer une plus grande conscience des arbres. Cet été-là, Christian et moi nous sommes rendus sur une parcelle que nous possédons sur l'île du Prince-Édouard, en compagnie d'Erika et de son amie Laura. Le trajet incluait deux heures et demie de route à travers le Nouveau-Brunswick, de Grand-Sault à Miramichi. La route est bordée d'arbres et, tout du long, on a l'impression d'emprunter une voie isolée au milieu d'une immense forêt vierge. Dans le Nouveau-Brunswick, toutefois, l'industrie forestière est implantée de longue date et très influente. La forêt vierge n'est qu'une illusion.

Dans la voiture, Laura s'extasiait sur les arbres. Son enthousiasme était beau, mais il était aussi fondé sur un mensonge. Je lui ai donc dit : « Laura, ne te fie pas aux apparences, ma grande. Sortons de la voiture et faisons un tour. »

Nous nous sommes arrêtés et nous sommes descendus. Nous nous sommes enfoncés sous les arbres et, au bout d'une trentaine de mètres, nous avons découvert ce qui s'étendait derrière le tampon forestier de la route : un paysage déboisé à perte de vue. On aurait cru marcher à la surface de la lune.

L'accablement lisible sur les traits de Laura face à cette découverte a réveillé ma propre douleur et ma colère. J'ai décidé à cet instant que réinjecter un bon génome dans les forêts du Canada était un projet digne du nouveau millénaire. Et si je réussissais, les résultats pourraient durer à jamais.

Ce que nous avons fini par surnommer le Millennium Project est, à ma connaissance, le plus grand projet de plantation d'arbres jamais entrepris en Amérique du Nord. Christian et moi avons envoyé sept cent cinquante mille graines et jeunes pousses à quatre mille cinq cents bénéficiaires. Les pousses et les graines, dont la dormance avait été levée au préalable, sont parties par courrier sur une période de plusieurs années ; chacune était accompagnée d'une documentation sur sa provenance et d'instructions pour la replanter ou la planter. En tout, vingt-deux espèces rares, toutes autochtones, toutes cultivées sur la ferme. Nous avons expédié un catalpa au Yukon, et j'ai reçu des nouvelles de cet arbre pendant quelques années. Il grandissait chaque été, mais ne dépassait pas la hauteur de neige tombée dans le jardin, ce qui lui conférait l'apparence d'un buisson. Il s'agit d'un phénomène courant sous les latitudes septentrionales, et qui contribue à la survie des arbres.

L'un des objectifs de notre projet était d'envoyer des arbres dotés du meilleur matériel génétique possible. Christian et moi guettions ces spécimens-là depuis l'achat de la ferme, mais le projet a aiguisé notre motivation. Nous avons augmenté la fréquence de nos expéditions et, petit à petit, j'ai compris quelque chose.

Chaque fois que nous repérions un arbre vraiment spectaculaire, son environnement immédiat était sain, et on avait le sentiment que tout dans cette zone de bonne santé penchait vers cet arbre. C'était en général un spécimen imposant, et le sol qui l'entourait sentait l'humus, la fertilité et la vigueur. Des lichens poussaient en général sur son écorce et celle des arbres alentour. Les lichens ne poussant pas dans un air pollué, ce sont d'excellents indicateurs de santé atmosphérique. Diverses plantes se développaient sous la jupe de l'arbre, en fonction de la saison. Au printemps, bulbes, cormes et tubercules, ainsi que des plantes sempervirentes rudes, comme *Hepatica americana* et divers trilles, protégés des températures basses par le tapis de feuilles, signaient la bonne santé du sol. Les plantes vivaces, annuelles et bisannuelles, se succédaient tout au long de l'été, puis l'automne apportait une fructification massive du mycélium pour donner des champignons. Tout au long de la période végétative, il y avait là aussi un tourbillon d'activité de la part des animaux et des insectes : de nombreux papillons qui allaient et venaient, et des trous dans le sol indiquant la présence de souris et d'autres petits mammifères, dont certains, comme les chauves-souris, qu'on entendait dans l'air du soir.

J'ai observé ces arbres pendant de longues périodes, revenant parfois tous les jours pendant plusieurs semaines, et il m'est apparu évident qu'il s'agissait de points focaux d'activité et de vitalité. Puisqu'ils étaient l'épicentre de la vie dans la forêt, j'ai commencé à les appeler « arbres épicentres ». Plus tard, quand j'en ai su davantage sur le rôle qu'ils jouent dans leur environnement, j'ai modifié ma terminologie. Je les qualifie à présent d'arbres mères.

Les arbres mères sont des individus dominants dans n'importe quel système forestier. Ce sont eux qui, arrivés à maturité, fournissent les vingt-deux acides aminés essentiels, les trois acides gras essentiels, les protéines végétales et les sucres complexes qui nourrissent le monde naturel. Ce menu contribue à la capacité de toute la nature à se propager, du monde des insectes aux pollinisateurs et aux oiseaux en passant par les mammifères de toute taille.

Bon nombre d'arbres mères protègent le sol qu'ils occupent en produisant un arsenal de composés allélochimiques qui, dès le printemps, se déversent automatiquement dans la terre. Cela permet à l'arbre de préparer son propre terrain à recevoir les minéraux dont il a besoin. L'arbre mère adulte diffuse dans l'air qui l'entoure des aérosols incitatifs ou dissuasifs. Il peut nourrir et protéger d'autres individus sous sa canopée. Il est un des meneurs de cette communauté que nous appelons forêt, et partout sur terre les forêts représentent la vie.

Les arbres mères ont aussi un effet sur les océans, comme l'ont confirmé Katsuhiko Matsunaga et son équipe japonaise. Les feuilles de ces arbres, quand elles se décomposent à terre en automne, libèrent de l'acide fulvique, qui se lie avec du fer selon un processus de chélation. L'acide fulvique, désormais chargé de fer, est prêt à se diriger vers l'océan. Là, il se débarrasse du fer. Le phytoplancton s'en nourrit, puis grandit et se divise : il lui faut du fer pour activer la nitrogénase, une enzyme de croissance. Cette relation est le fondement alimentaire de l'océan. C'est ce qui nourrit les poissons et maintient en bonne santé les mammifères marins, tels que la baleine et la loutre.

De plus, les arbres mères produisent du pollen au printemps et commencent à inonder l'atmosphère d'aérosols. Ceux-ci s'élèvent avec l'air chaud, rencontrent de la vapeur d'eau et s'y mêlent. C'est là le berceau de nos conditions météorologiques. La famille humaine prospère lorsque la pluie ne manque pas, et tout cela grâce à la générosité des arbres mères.

J'ai d'abord observé ces caractéristiques dans les forêts septentrionales, mais j'ai vite découvert que toutes les forêts fonctionnaient de cette manière. Le noyer du Brésil, *Bertholletia excelsa,* occupe précisément cette position en Amazonie et se dresse au cœur d'un périmètre où toutes les autres espèces sont en bonne santé. Un caryer, *Carya sinensis,* est à l'origine des forêts chinoises. Les arbres mères des forêts de feuillus sont presque toujours des espèces qui produisent des noix, des gousses ou des glands, car ces sources de protéines primaires attirent tout un tas d'animaux. Les arbres mères sont un point commun entre toutes les forêts sur terre.

Bien sûr, ils formaient aussi l'ossature des anciennes forêts d'Irlande. Les druides savaient tout sur leur compte. Quand Nellie parlait au frêne solitaire à Lisheens, c'était en tant que mère face à une autre mère, et elle m'a transmis des fragments de cette compréhension. Tant d'éléments du savoir que j'ai accumulé au cours de ma carrière scientifique étaient déjà là à Lisheens, sous une forme ou sous une autre, mais il n'y avait pas d'arbres en Irlande pour perpétuer cette compréhension. En partant pour l'Amérique, j'ai gagné des arbres, une bénédiction qui m'a permis de contextualiser ce qu'on m'avait appris.

Les informations génétiques d'un arbre mère représentent peut-être la plus importante bibliothèque vivante qui soit. Je le pressentais déjà en présence des arbres que nous recherchions pour le Millenium Project, mais j'en ai acquis la certitude des années plus tard seulement, en Irlande.

J'étais dans le comté de Clare pour visiter ce qui restait de l'ancienne forêt qui avait appartenu au dernier haut roi d'Irlande : un unique arbre, le chêne de Brian Boru. Ce *Quercus robur* de mille cinq cents ans environ s'impose dans le paysage quand on l'approche. On dit que le haut roi Brian Boru abrita un jour mille de ses cavaliers à cheval sous sa canopée. Assise au pied de son tronc mille ans plus tard, j'étais stupéfaite de la taille de ce chêne. Je savais, sans l'ombre d'un doute, qu'il s'agissait de l'arbre mère du secteur.

Des chemins de rondins sillonnaient autrefois l'Irlande, et nous savons d'après l'étude dendrologique des rondins en question que les arbres comme celui de Brian Boru étaient alors communs sur l'île. Ils ont été perdus dans le déboisement systématique qui a privé les druides de leurs anciennes forêts, à l'exception de cet unique spécimen. Avec eux ont disparu les connaissances accumulées au fil de milliers d'années, des connaissances dont nous pourrions bien avoir besoin pour sauver notre peau et notre planète.

Dans la forêt boréale au nord du Canada, l'équivalent nord-américain de cette bibliothèque naturelle perdue existe toujours. La protéger pour les générations futures deviendrait bientôt ma prochaine grande mission.

14

Philanthropie intellectuelle

En 2003, à la suite de la publication de mon livre *Arboretum America,* l'université Lakehead de Thunder Bay, Ontario, m'a invitée à prononcer le discours de clôture d'un colloque financé par le gouvernement sur les pratiques forestières des peuples aborigènes et les utilisations alternatives de la forêt. L'idée, m'avait-on expliqué, consistait à se réunir pour mettre en lumière tout ce qu'une forêt pouvait apporter à l'humanité en plus de gros tas de bois de construction. Des délégués représentant les populations autochtones des régions septentrionales du Canada y assistaient, ainsi que des universitaires, des cadres de la plupart des grandes compagnies forestières et des membres d'organisations telles que Greenpeace et le Sierra Club. Les participants et leurs intentions étaient divers, mais le but du colloque était clair : mettre en avant de nouvelles façons de tirer profit de la forêt.

Une forêt est un lieu sacré. Je le crois de tout mon être. J'en ai fait l'expérience, et je dirais que c'est aussi le cas de quiconque y a déjà mis un pied en ouvrant son cœur. Malgré cette certitude, je ne suis pas fermée à l'idée que des gens tirent un profit (même financier) de la forêt. Nous avons tous besoin de bois pour notre papier, nos maisons, dans nos vies. Les substances médicinales qu'on y trouve sont le deuxième cadeau le plus précieux que nous offre la nature, l'oxygène étant le premier. Nous ne devons pas avoir peur d'utiliser cette générosité, mais nous devons la comprendre suffisamment pour respecter le miracle qu'elle représente.

Quelques heures avant mon discours, j'ai pris un café avec une guérisseuse des Premières Nations de Rainy River. Elle m'a raconté son histoire. À dix-sept ans, à la naissance de son premier et seul enfant, on l'avait stérilisée de force. Elle regardait fixement sa tasse de café froid, où se formait un film circulaire. Les larmes ruisselaient sur son visage fatigué, mais elle n'avait pas l'air de s'en rendre compte. Elles se rejoignaient à la commissure des lèvres et sur le menton. Elle était si traumatisée qu'elle restait figée dans le souvenir de ce qu'on lui avait fait et qu'elle ne pouvait tout bonnement pas les essuyer. À elle seule, elle m'a motivée par son courage. Les peuples autochtones du Canada ont perdu tant de leur culture, surtout ceux du Nord.

Je suis montée sur scène devant un public immense. L'image de la guérisseuse avec qui j'avais discuté occupant fermement mon esprit, je me suis d'abord adressée aux Premières Nations, avant les universitaires, les forestiers et les écologistes. J'ai commencé ainsi : « Le légendaire Winabojo a donné deux arbres sacrés aux peuples autochtones d'Amérique du Nord : le cèdre et le bouleau. De grands lambeaux d'écorce étaient récoltés sur les bouleaux en juin ou début juillet, puis stockés. Cette écorce servait à produire des objets domestiques tels que des tasses et des bouilloires. Chauffée et étirée, elle donnait des assiettes, des boîtes, des cercueils, des paniers à viande, des éventails, des torches, des bougies et des allume-feu, des poupées, des traîneaux et vos fameux canoës. Il fut un temps où votre culture retentissait dans le monde entier. »

J'ai poursuivi en évoquant des propriétés médicinales du bouleau, y compris son utilisation en chirurgie et pour produire des attelles maintenues par du cordage de tilleul. Mes mots étaient traduits simultanément dans les langues du Nord, des centaines à la fois. Le son de ces mots amérindiens uniques me faisait l'effet d'une chute d'eau. Les guérisseurs assis au fond de la salle se redressèrent. Les forestiers étaient tout ouïe. J'ai terminé sur ces paroles : « Mesdames et messieurs du Nord, n'oubliez pas Winabojo. C'est votre culture. »

J'ai quitté la scène sous les applaudissements et j'ai gagné le fond de la salle, où les guérisseurs m'avaient réservé un siège. Le colloque était terminé ou presque : il ne restait qu'une brève intervention d'un délégué des Nations unies. Je me suis installée près d'un guérisseur de la baie d'Hudson, grand comme un ours, et j'ai attendu le diplomate.

Le porte-parole des Nations unies a gagné le podium et pris le micro. Je vous avoue que j'étais plus occupée à observer les gens qu'à l'écouter, jusqu'à ce qu'une de ses déclarations, faite sur le même ton bureaucratique et monocorde, me fasse réagir. J'ai donné un petit coup de coude au géant de la baie d'Hudson et demandé : « J'ai bien entendu ? Il a dit qu'ils prévoient d'abattre cinquante pour cent de la forêt boréale ? »

Mon voisin confirma d'un air sombre en hochant la tête : « Yep. »

Je venais juste de terminer une intervention sur les propriétés médicinales des arbres et le fait qu'on pouvait gagner plus d'argent en s'abstenant de les couper, et ce type parlait de raser la moitié de la forêt boréale, une forêt de la taille de l'Amazonie, qui avait mis trente mille ans à atteindre cette forme unique et irremplaçable. Il s'agit d'un système qui contribue à réguler le tapis roulant océanique des courants chauds et froids. Or c'est de cette circulation thermohaline que dépendent les conditions météorologiques saisonnières de la planète. Le plan qu'il dessinait équivalait selon moi à un génocide. *Tant pis, j'y retourne.*

J'ai regagné la scène et pris le micro au délégué de l'ONU. « Ce que vous envisagez là, c'est un génocide, ai-je dit à la foule. Vous tous, ici présents, vous venez du Nord. Ce projet amoindrirait à ce point votre existence que vous en mourriez. Il s'agit aussi de génocide pour tous les animaux migrateurs, oiseaux, poissons et mammifères marins. La forêt boréale est la bête de somme du monde. Elle est irremplaçable. L'exploiter exposera les phénols présents dans les cours d'eau et les lacs, ainsi que ceux qui tapissent le dessous du pergélisol de la toundra. Ces cimetières phénoliques de débris végétaux — la couche au fond des lacs, des rivières et des marais, où le matériau organique se décompose sous la pression de l'eau — doivent rester gelés, sinon l'atmosphère se remplira de dioxyde de carbone et de méthane émis par cette décomposition. »

J'ai poursuivi en suggérant que les peuples de la forêt boréale étaient les véritables gardiens de la planète. En tant que tels, ai-je ajouté, nous devrions les rémunérer pour leur rôle de protection en notre nom à tous. J'ai également proposé que la Banque mondiale intervienne sous la forme d'un prêt pour soutenir cette idée. Si le système de la forêt boréale reste intact, nous gardons une chance de lutter efficacement contre le changement climatique.

J'étais tellement furieuse que je n'ai pas remarqué que, pendant mon intervention, les guérisseurs et les guérisseuses présents, issus de toute l'Amérique du Nord, m'avaient rejointe sur scène et formaient derrière moi un grand demi-cercle muet. Quand je me suis tue, une guérisseuse s'est approchée, m'a pris le micro et a déclaré : « Diana et les peuples autochtones parlent d'une seule voix. »

Un silence explosif est tombé sur la salle, comme si tout le public retenait sa respiration. Les organisateurs étaient furieux contre moi, je le voyais à leur tête. J'ai rapporté le feu de ce discours chez moi. Dès ma descente d'avion, j'ai dit à Christian : « Bon sang, on va écrire un autre livre. Sors ton appareil photo, on part dans la forêt boréale. »

Quand les actes du colloque ont été publiés, un peu plus tard, il n'y manquait qu'une seule intervention : la mienne, le discours de clôture. J'ai été effacée, mais les peuples autochtones présents ce jour-là se rappellent encore mon plaidoyer.

Ce colloque sur l'exploitation forestière n'est pas l'étincelle qui a embrasé mon militantisme. Dès l'enfance, à Lisheens, on m'a appris à partager librement tout ce que je pouvais, notamment mon savoir, et à toujours chercher le moyen d'améliorer le monde autour de moi. Je n'avais jamais eu suffisamment d'argent pour me livrer au genre de philanthropie que pratiquent les Maria de ce monde. À la place, j'ai choisi d'exprimer ma générosité à travers une philanthropie intellectuelle : je mets mes connaissances scientifiques et mon énergie au service de toutes les causes valables qui sonnent à ma porte, et je m'efforce de sensibiliser le public aux problèmes chers à mon cœur.

Au début des années 1990, j'ai cultivé et vendu des hellébores de Bosnie pour récolter des fonds destinés aux femmes touchées par la guerre en ex-Yougoslavie. Cet effort a financé quinze mille opérations, bandages et électrocardiographes pour Médecins sans frontières, et un centre d'accueil dans la ville de Tuzla. Avant cela, j'avais siégé à la commission des parcs de Merrickville et lutté pour que soient créés des petits chemins sans pesticides autour des champs cultivés afin de rendre un peu de territoire sauvage aux pollinisateurs. Christian et moi avions bataillé pour que soit amendée une nouvelle section de la loi sur la protection de l'environnement de l'Île-du-Prince-Édouard afin de renforcer la protection des zones ripariennes qui abritent des espèces en danger, telles que le courlis à long bec, *Numenius americanus.* J'avais entretenu pendant deux ans des échanges avec le ministre fédéral de la Santé concernant la menace potentielle que représentaient les modifications génétiques. Le Millenium Project était aussi un effort militant. J'avais travaillé pour des écoles, des bibliothèques et des églises partout en Ontario, et à chaque intervention que j'avais faite auprès d'une société d'horticulture sur plus de quarante ans, j'avais apporté la liste des arbres et des plantes en danger de la région où je me trouvais, et donné l'information au public en disant : « Vous êtes responsables de ces arbres. »

Même si je n'étais pas novice en matière d'efforts pour rendre le monde meilleur, ce colloque forestier a cristallisé mes pensées et mes actes. En m'alertant sur une grave menace contre l'une des plus importantes merveilles naturelles sur terre, elle a élargi mon point de vue et m'a permis de comprendre pour la première fois que je pouvais relever des défis bien plus vastes que je ne l'aurais cru. En réalité, je *devais* les relever. Christian et moi avons alors consacré plusieurs années à notre nouveau livre, qui devait sensibiliser les lecteurs à la forêt boréale.

Je luttais encore pour la reconnaissance de ce système forestier capital qui entoure la planète quand, en 2010, nous avons publié notre volume sur la forêt boréale, *Arboretum Borealis: A Lifeline of the Planet,* ainsi qu'une collection d'essais intitulée *The Global Forest**. Ce dernier ouvrage a retenu l'attention de l'émission *The Current,* sur CBC Radio, et son animatrice, Anna Maria Tremonti, m'a interviewée à cette occasion. Des réalisateurs s'intéressaient à mon travail depuis un moment, mais j'avais toujours repoussé leurs avances. Ce jour-là, un documentariste de Winnipeg, Jeff McKay, m'a entendue à la radio et a garé sa voiture pour m'écouter, puis il s'est rendu à son studio sur Princess Street pour consulter son équipe : voulaient-ils me contacter pour discuter d'un éventuel film basé sur mon travail sur la forêt ? À mes yeux, c'était un type original, complètement différent des autres réalisateurs qui m'avaient approchée. Je me suis dit : voilà un homme qui ne me lâchera pas en cours de route. Il était également important pour moi qu'il soit canadien et que le film que nous ferions soit projeté ici, dans mon pays d'adoption. J'ai fini par rédiger le scénario du documentaire, qui est devenu *Call of the Forest.* Nous avons voyagé aux quatre coins du globe pour le tournage, qui s'est étalé sur cinq ans. J'ai également travaillé un an sur une application issue du film, calloftheforest.ca/plant-a-tree, qui adapte les espèces à planter à la région où vivent les gens, et fournit des informations sur les propriétés médicinales des arbres.

Au début du tournage, une journaliste nommée Alexandra Paul a rédigé un article sur moi pour le *Winnipeg Free Press.* Alexandra était amie avec la militante écologiste Sophia Rabliauskas, issue de la Première Nation de Poplar River qui, dix ans plus tôt, avait obtenu un statut protégé pour huit mille kilomètres carrés de forêt boréale primitive à l'est du lac Winnipeg. Alexandra m'a dit que Sophia rendait visite à des membres de sa famille près

* À paraître chez Tana.

de chez moi dans les semaines suivantes et qu'elle aurait voulu venir prendre le thé et discuter. J'ai accepté, et Sophia est arrivée avec quelques amis par moins trente-cinq degrés un peu plus tard ce mois-là. Nous avons parlé pendant plus de cinq heures.

Au cours de cette première rencontre, Sophia a évoqué Pimachiowin Aki, une vaste étendue de forêt boréale primaire à la frontière entre le Manitoba et l'Ontario. Ce nom signifiait « la terre qui donne vie » en ojibwé, m'a-t-elle dit. Il s'agissait clairement de gens avec qui je pouvais m'entendre. Pendant des milliers d'années — l'intégralité de son histoire documentée —, la Première Nation de la Poplar River avait préservé cette forêt et, dans les années écoulées depuis l'obtention d'un statut protégé pour ces huit mille premiers kilomètres carrés, elle luttait pour que tout Pimachiowin Aki soit inscrit au patrimoine mondial par l'UNESCO. Mes interlocuteurs avaient déjà rempli un dossier de candidature auprès du siège parisien de l'UNESCO et ils attendaient une réponse. Je n'avais jamais entendu parler de cette région ni de leurs efforts auparavant, mais j'ai promis à Sophia de faire tout mon possible pour l'aider. Si je visitais moi-même cette forêt, je pourrais même rédiger un article scientifique sur sa valeur, en soutien à leur cause.

Nous nous sommes quittés en très bons termes. Ils fournissaient manifestement un effort sérieux et sincère. Je croyais en eux. J'ai donc été stupéfaite d'apprendre plus tard par Alexandra que l'UNESCO avait rejeté leur demande. Rétrospectivement, je me rends compte que cela n'aurait pas dû me surprendre. Ils s'adressaient à une émanation de l'organisation dont le délégué m'avait si bien exaspérée des années plus tôt avec sa volonté de raser la moitié de la forêt boréale. Et l'indifférence de l'humanité face à la nature ne m'étonnait plus depuis longtemps.

Je savais toutefois qu'ils étaient loin d'être vaincus, et que l'époque se prête particulièrement bien à cette lutte, la lutte pour la nature. Oui, nous sommes plus proches que jamais de la catastrophe climatique. Oui, des tas de gens sur la planète y sont encore indifférents, quand ils ne refusent pas de la voir, souvent payés pour cela par des groupes d'intérêt. Mais nous avons aussi la chance de vivre à une époque où plus de gens que jamais se soucient du monde naturel, comprennent que les forêts sont des lieux anciens et sacrés, et veulent faire quelque chose pour mettre un coup d'arrêt à notre recherche suicidaire du profit et du « progrès ».

J'ai eu la chance immense de naître juste à temps pour recevoir une instruction celtique, mais j'ai vu mes professeurs mourir avant mon départ pour l'Amérique, et les braises de cette tradition s'éteindre peu à peu, jusqu'à me retrouver seule. C'est armée de cette vision spirituelle de la nature que je suis entrée dans les cercles universitaires, et j'ai découvert qu'elle n'y était pas la bienvenue. On m'a dit que la science et le sacré ne faisaient pas bon ménage. Chez les universitaires, un scientifique n'est pas censé se fier au savoir des cultures autochtones. C'est cette attitude, entre autres, qui m'a éloignée des institutions scientifiques et éducatives, et poussée dans la marge ; j'y ai œuvré de longues années avant de trouver un public avec qui partager ce que j'avais appris, ce que j'avais toujours su et ce que j'avais à dire. À présent, toutefois, je sais que cette foi dans la valeur spirituelle et scientifique des forêts n'est pas condamnée à rester à la marge de notre culture. Un mouvement de masse peut naître : l'intérêt est là, les gens sont prêts — les jeunes ont peur, les enfants sont inquiets —, et il n'est pas trop tard pour agir. Pour toutes ces raisons, nous devrions être profondément reconnaissants.

Nous avons convenu avec Sophia de tourner des images pour *Call of the Forest* à Pimachiowin Aki. Je me suis rendue à Winnipeg en avion avec l'équipe du film, puis nous sommes partis vers le nord, jusqu'au lac qui porte le même nom. Là, nous avons dû traverser, de la rive occidentale vers un point de l'autre côté, à l'embouchure de la rivière Bloodvein. Le lac Winnipeg n'est pas très profond, et le vent y creuse des vagues très hautes. On ne peut le traverser sereinement que quand les conditions s'y prêtent. Le chef de la Première Nation de Bloodvein, William Young, est venu nous chercher à bord d'un gros bateau. Quand nous avons embarqué, j'ai remarqué des aigles royaux qui décrivaient des cercles au-dessus de nos têtes. Ils nous ont suivis en convoi tandis que nous glissions à la surface du lac, les uns à notre droite, les autres à notre gauche. Vus de près, ces oiseaux sont énormes.

Nous sommes arrivés à la cabane dans laquelle nous devions loger pour la durée de notre séjour et nous avons déchargé notre équipement. Elle se trouvait à l'intersection de la rivière et du lac. L'eau de la Bloodvein était claire et pure, tout à fait potable. C'est suffisamment rare pour que je le souligne. Des aigles à tête blanche se sont joints aux aigles royaux qui tournoyaient dans le ciel. Ils plongeaient de temps en temps vers le sol pour y prélever une proie. La rivière regorgeait de poissons, de castors et de loutres, dont les petits jouaient autour de moi pendant que nous filmions. L'air était pur, frais, sauvage, aussi effervescent à l'inspiration que des bulles de champagne sur la langue.

Des deux côtés de la rivière se dressait une forêt intacte, activement préservée par les peuples autochtones depuis cinq mille ans. Il s'agit de l'incarnation la plus fidèle de la forêt vierge septentrionale et boréale sur terre, et sa biodiversité est incroyable. De grands tapis de lichen d'une trentaine de centimètres d'épaisseur couvraient le sol et craquaient sous le pied. Les arbres étaient vieux, et les lichens montaient le long de leur tronc, doublant la capacité chimique de la forêt à purifier l'atmosphère. Hiboux et chouettes y vivaient en nombre, et les lieux résonnaient des bruits de grands animaux, peut-être même d'ours.

Cette nuit-là, je n'ai pas pu dormir. Ce n'est pas l'enthousiasme qui m'a tenue éveillée, mais plutôt le sentiment d'une présence invisible dans la cabane. Quand j'ai vu qu'il était six heures du matin à l'horloge, je me suis dit qu'il était inutile de rester plus longtemps au lit. J'ai décidé de me lever et d'aller sur la rive pour regarder la brume se lever sur la rivière.

Je me suis habillée et je suis sortie. Le soleil commençait à poindre. Aussitôt, une nuée d'oiseaux a assombri le ciel. Le claquement de leurs ailes ressemblait au choc de milliers d'aiguilles à tricoter. Ils sont descendus comme un nuage d'orage sur l'eau, devant moi. Comme ils se posaient, j'ai vu qu'il s'agissait d'oiseaux noirs à ailes rouges. Pour se rassembler aussi nombreux sur cette zone, ils devaient y trouver quelque chose à manger. Je me suis approchée pour mieux distinguer la plante sur laquelle ils s'étaient jetés. « Ils se nourrissent de riz sauvage ! me suis-je écrié en espérant que quelqu'un se réveillerait pour en être témoin avec moi. Ils se nourrissent de riz sauvage ! »

Je suis remontée en hâte à la cabane pour aller chercher l'ingénieur du son, Norman Dugas, et lui faire enregistrer les oiseaux pour son projet sonore en trois dimensions. Il lui a fallu une demi-heure pour se réveiller et apporter son équipement sur le quai. À ce stade, la moitié des oiseaux étaient partis. Il y avait des canoës près de l'eau, et je l'ai convaincu de m'amener là où les oiseaux s'étaient posés. Je voulais prélever un spécimen intact de ce riz pour le disséquer. Mon matelot a déraciné une plante à l'aide d'une pagaie, et je suis rentrée en la tenant entre mes bras écartés sur toute la largeur de l'embarcation pour la protéger. Je voulais procéder à une dissection botanique de ce spécimen dans la cabane et la documenter à l'aide de photos et de notes.

Il s'agissait bel et bien d'un riz sauvage du genre *Zizania,* et rien de tel n'existait ailleurs en Amérique du Nord. Il mesurait plus de deux mètres de haut, et pourtant ce n'était pas la plante la plus haute à cet endroit. Il avait une tête articulée, que je savais capable de suivre le chemin du soleil dans le ciel en un mouvement circulaire. Les peuples autochtones de cette région y voyaient une culture vivrière depuis cinq mille ans, et il n'avait jamais été croisé ni hybridé. C'était un trésor. Je l'ai identifié comme une variété possible de riz sauvage, sous le nom *Zizania aquatica* var. *angustifolia.* Une véritable trouvaille scientifique.

J'ai argué de l'existence de cette espèce pour prouver la valeur de cette région. Il s'agissait en effet d'un trésor naturel et d'un monument vivant à la culture des Ojibwés, qui le protégeaient depuis des millénaires. J'ai également décrit en détail l'importance de la forêt à Pimachiowin Aki. Les modalités de croissance et de remplacement des forêts vierges du Nord boréal n'ont pas été étudiées en détail par les chercheurs. La présence, par exemple, de myxomycètes en association avec des lichens n'a pas été observée sous la forme que j'ai pu voir ici. Les myxomycètes sont une espèce primitive qui a pris de l'importance en médecine, car ils semblent communiquer par des moyens que nous n'avons pas encore découverts, comme l'ouverture et la fermeture de stomates sur une feuille ou la façon dont les lymphocytes T réagissent à l'appel chimique du système immunitaire. Les myxomycètes le font en réponse à une stimulation chimique plutôt qu'à un appui mécanique sur une touche d'ordinateur. Ils apparaissent et se déplacent ensemble par un moyen inconnu afin de survivre au froid de l'hiver. Leur mouvement collectif demeure un mystère scientifique.

Mon plaidoyer a été ajouté au dossier de Sophia et des Premières Nations de Bloodvein et Poplar River. En août 2018, Pimachiowin Aki a été inscrit au patrimoine mondial de l'humanité par l'UNESCO. C'est l'un des rares sites ainsi distingués pour son importance à la fois naturelle et culturelle. Les efforts de Sophia ont abouti à la protection de vingt-neuf mille kilomètres carrés de cette forêt boréale incroyablement belle, soit à peu près la surface de la Belgique. Pimachiowin Aki est désormais la plus grande étendue terrestre protégée.

Nous devons nous lever et nous battre, tous autant que nous sommes. Il faut faire le premier pas vers un objectif qui paraît hors de portée, et avoir l'intégrité et le courage de croire que nous l'atteindrons un jour. Nous avons tous un immense courage. Chacun de nous est capable d'exploits extraordinaires. Pimachiowin Aki est la preuve vivante de ce qu'on peut accomplir quand on y croit et qu'on continue d'avancer vers l'impossible.

Mettre un coup d'arrêt au changement climatique peut sembler impossible. D'après les données scientifiques disponibles en 2019, il ne nous reste que dix ans pour arrêter l'augmentation des températures mondiales. Si nous attendons davantage, il sera trop tard. L'instabilité de la nature générera le chaos dans les institutions humaines, et nous aurons dilapidé les dons immenses que nous ont faits les arbres. Mais ma vie et mon travail m'ont appris que rien n'est jamais aussi terrible ni insurmontable qu'il n'y paraît, et que les capacités de régénération et de restauration de la nature dépassent de loin notre entendement.

Dans ces pages, j'expose un plan pour que chacun de nous lutte et sauve la forêt mondiale, notre planète et nous-mêmes. Ce n'est pas un plan compliqué. Il est même très simple : protéger ce que nous avons encore et planter un arbre indigène par an pendant six ans. Nous pouvons atteindre ce but, et nous devons le faire, pas seulement pour nous, mais pour tous les enfants à venir, ces générations futures au nom de qui j'ai travaillé toute ma vie. Et quand nous atteindrons ce but, notre récompense dépassera de loin la sécurité d'un climat sain et stable.

Une divinité que nous comprenons tous se manifeste dans la nature. Quand on marche en forêt, qu'elle soit petite ou grande, on arrive dans un certain état d'esprit et on en ressort plus calme. On a cette sensation d'arpenter une cathédrale, et on n'est plus jamais le même. On sort du bois en sachant qu'il nous est arrivé quelque chose de grand. La science nous permet d'expliquer en partie cette expérience sacrée. Nous savons à présent que les alpha- et les bêta-pinènes produits par la forêt améliorent l'humeur et affectent le cerveau à travers le système immunitaire, que les pinènes libérés dans l'air par les arbres sont absorbés par notre corps, qu'ils nous recentrent et nous inspirent de la piété envers ce que nous voyons. Une simple marche en forêt agit comme des vacances sur l'esprit et sur l'âme, et permet à votre imagination et à votre créativité de fleurir. À mon sens, c'est un miracle, et il nous reste tant d'autres miracles naturels à découvrir !

Nous éprouverons la joie de ces miracles. Nous sauverons les forêts et notre planète. Les arbres nous disent exactement comment procéder : nous n'avons qu'à les écouter et à nous souvenir.

DEUXIÈME PARTIE

L'alphabet celte des arbres

Il me reste un cadeau issu de ma tutelle brehonne et de ma vie de chercheuse à vous transmettre dans ce livre : ma version commentée de l'alphabet oghamique. Il s'agit du premier alphabet d'Europe, dans lequel chaque lettre est nommée en l'honneur d'un arbre ou d'une plante associée d'importance. D'après les anciens Celtes, le chant de l'univers a dicté cet alphabet à un jeune homme nommé Ogma. C'est un trésor de la culture forestière des Celtes, notamment irlandais. Le célèbre Livre de Kells doit son existence à l'ogham dans la mesure où cet alphabet a présidé à l'alphabétisation de l'Irlande. Ce qui est réellement remarquable à son propos, toutefois, c'est que la philosophie qui le sous-tend est porteuse d'une façon de penser la renaissance de la forêt, c'est-à-dire de réfléchir au lien intime entre forêts et humains.

Avant de commencer cet alphabet, je vous propose de faire une petite expérience pour moi. À la fin d'une journée d'hiver sombre et nuageuse, ou après une averse prolongée, sortez au soleil. Redressez-vous et tendez les bras, paumes vers le ciel. Levez le menton, et laissez la lumière baigner votre visage, vos mains, tout votre corps. Sentez sa caresse sur votre peau. Ce faisant, vous devenez comme un arbre. Vous agissez comme un arbre, les bras tendus vers le soleil telles les feuilles d'une canopée.

Quand j'étais petite fille, à Lisheens, on m'a demandé de devenir un arbre en présence du soleil. On a sur la peau la sensation d'une danse avec les ondes courtes du rayonnement solaire. Cette danse a un nom dans l'ancien monde des Celtes : le chant de l'univers, *Ceolta na Cruinne.* Il est bien réel, éprouvez-le par vous-même. C'est le chant que les anciens Celtes ont entendu avant que le jeune Ogma ne crée cet alphabet, qui réunissait chant et histoire, médecine et foi, hommes et forêts.

A

Ailm

Le pin

Les géants au bord des cours d'eau du monde celte étaient des pins. L'écorce orangée de ces conifères s'harmonisait aux teintes du coucher de soleil ; leur parure d'aiguilles vert vif accrochait les nuages diaphanes. Fatigués, ils laissaient leurs aiguilles tomber doucement sur le sol, qui absorbait ensuite l'acide des feuilles en décomposition.

Ces pins avaient des compagnons plus petits qui se font rares aujourd'hui : les arbousiers, *Arbutus unedo,* des feuillus à l'écorce brun-rouge qui se développaient à l'ombre des géants. On les trouvait associés sur le littoral, où leurs feuilles se mêlaient à l'humus. À l'automne, l'arbousier porte des grappes de clochettes ivoire qui donnent des baies rouges à peau rugueuse. C'étaient les fruits de la lande que les druides-médecins préféraient, connus également des Arabes et des Grecs.

Le pin sylvestre, *Pinus sylvestris,* avec son bois aux propriétés antiseptiques, était le chouchou des cuisines celtes. On lui confiait sans hésiter le beurre et le lait, car il leur évitait de rancir. La légèreté des objets du quotidien faits en pin sylvestre était appréciée des poignets fatigués. Son bois est facile à nettoyer, et il sent toujours bon. La maîtresse de maison, *bean an tí,* lui donnait même un petit nom : *déil.* C'est aussi dans ce bois qu'on taillait le tour du potier.

Dans la tradition orale des Celtes, le pin portait déjà un nom des millénaires avant la naissance du christianisme. Les bosquets de pins sur le littoral et au bord des lacs et des rivières servaient de repères pour la navigation. Les autoroutes de l'époque étaient les cours d'eau, où circulaient de petites barques, les *curacha,* et de plus grands vaisseaux, les *báid,* propulsés à la rame d'un point à un autre sans trop d'efforts. Le feuillage odorant du pin les attendait toujours, à la fois dans leur langue et dans leur mémoire.

Quand la mémoire s'est mêlée de langue, une nouvelle idée est née chez les peuples celtes : l'écriture. Le concept d'une forme de communication écrite les entourait déjà, sous la forme du sanskrit, venu d'Inde. L'écriture fut l'étape suivante pour l'extraordinaire tradition orale des Celtes. Le mot écrit est un marchepied vers le changement et le progrès.

Les perspectives ouvertes par l'écrit s'abattirent comme une violente averse sur les Celtes, détrempant la terre aride de la poésie en Irlande pour qu'en sortent des pousses.

D'après la légende, quand un jeune homme du nom d'Ogma créa l'écriture oghamique, le lien avec la nature s'est imposé, car toute imagination — même l'imagination scientifique — dérive de la nature. Le jeune Ogma a contemplé ce qui l'entourait, et son regard est tombé sur les formes de vie sacrées des druides : les vieilles forêts.

C'est ainsi qu'est né l'alphabet des arbres. Cette nouvelle écriture renfermait la philosophie de la forêt et les millénaires de culture orale qui l'accompagnaient. Un mot écrit, ce n'est pas rien ; c'est le dépositaire d'une pensée, le signe que la civilisation qui l'a produit était capable de se renouveler. Avec cet alphabet, les Celtes ont créé la deuxième plus vieille langue écrite du monde occidental.

L'ogham a d'abord été écrit sur de longues bandes d'écorce de peuplier ou de noisetier récoltées au printemps. Gorgés de fluides, ces lambeaux d'écorce s'incurvaient naturellement vers l'intérieur ; au toucher, ils étaient humides et poisseux de cellules riches en protéines similaires à la caséine, une protéine du lait utilisée comme fixateur en peinture. L'écorce conservait parfaitement le texte tant qu'elle restait sèche et en bon état.

Par la suite, les Celtes ont écrit sur de très grandes pierres taillées rectangulaires dispersées dans les campagnes à la façon de monuments commémoratifs — ce qu'elles étaient peut-être. Quand j'étais enfant en Irlande, ces pierres servaient aussi de balises au bord des anciens chemins qui sillonnaient les collines et les montagnes. La communauté agricole irlandaise était pleinement consciente de l'importance de ces pierres oghamiques dans le passé. Elles représentaient un héritage collectif, et personne ne touchait aux sites où elles étaient implantées. Les champs concernés ne servaient que de pâtures pour les moutons ou les vaches.

Des inscriptions en alphabet oghamique y ont été gravées à l'aide d'outils de fer et de bronze. Le travail du métal était une spécialité des Celtes. Au fil des millénaires, les éléments ont altéré ces inscriptions, mais elles restent lisibles du bout des doigts.

Le pin sylvestre était extrêmement important aux yeux des Celtes. Ogma lui-même devait l'appeler *ailm,* qui deviendrait la lettre *A* de son alphabet des arbres sacrés. Dans l'alphabet oghamique, il est représenté par une simple croix : une ligne verticale que barre une ligne horizontale. La lettre A en irlandais se prononce de deux manières différentes, l'une courte et l'autre prolongée par un accent qu'on nomme *fada.* Un son utile aux poètes et aux bardes.

Les remèdes liés au pin sylvestre se sont perdus. Ce qui nous est parvenu à la place est un souvenir soigneusement préservé. Nous savons que les druides-médecins considéraient le pin comme essentiel à la santé. Ils prescrivaient des marches dans les forêts de pins en soutien à l'appareil respiratoire et pour débarrasser les poumons des toxines accumulées au fil des rhumes et des grippes. Leur première recommandation à quiconque souffrait d'une telle maladie était de suer pendant vingt-quatre heures, enveloppé dans un drap de lin, après avoir mangé du lait bouilli aux oignons, sauvages si possible ; ensuite, quand le patient retrouvait de l'énergie, on lui demandait d'aller marcher dans une forêt de pins. Ce concept de bain de forêt a été testé par la médecine moderne, et les essais cliniques ont confirmé son effet bénéfique.

À mesure que la température augmente, les aiguilles du pin produisent des aérosols atmosphériques à base de pinène. En se répandant dans l'air, les pinènes subissent une torsion lévogyre (un peu comme un cerf-volant qui ne pourrait voler que vers la gauche). Cette forme de molécule est facilement absorbée par la peau et la surface des poumons, et il a été prouvé récemment qu'elle stimulait le système immunitaire humain. Les effets bénéfiques d'une marche de vingt minutes dans une forêt de pin persistent dans la mémoire du système immunitaire pendant une trentaine de jours.

B

Beith

ᚁ

Le bouleau

Quand j'étais étudiante en Irlande, j'ai un jour pris la route qui descendait à Bantry avec l'intention de passer par les lacs de Killarney pour voir ce que le printemps avait à offrir. J'étais armée de ma loupe, de sacs à échantillons, d'un sandwich au jambon et d'un thermos de thé. Une jolie petite vallée verte a attiré mon attention. Là, un grand pin sylvestre se dressait près d'un magnifique bosquet de bouleaux immaculés assoiffés de soleil. Quelque chose dans ce bosquet m'appelait.

J'ai escaladé la clôture et bravé les ronces en me servant de mon thermos. Je visais en ligne droite l'énorme rocher vers lequel le pin sylvestre penchait comme un ivrogne. En arrivant au rocher, dont je comptais faire ma table et où j'allais poser mon thermos de thé, j'ai remarqué sa nappe verte. Je suis restée bouche bée. J'étais tombée sur une fougère du genre *Hymenophyllum,* une première en Irlande.

En plus de cette fougère et de sa couche unique de cellules étalée sur le rocher, j'ai croisé pour la première fois le bouleau indigène d'Irlande. Ces bouleaux pubescents, *Betula pubescens,* faisaient tout juste leur retour dans des endroits divers après un exil de cinq cents ans. Dans le monde celte, le bouleau était connu comme une entité féminine et tenu en haute estime. Son écorce comporte un périderme blanc aux allures de poudre de talc. Le périderme reflète un peu de la lumière du jour, mais sous la lune — qui réfléchit elle-même la lumière du soleil —, l'arbre brille d'une lueur argentée. C'est ce qui lui vaut son ancien nom de « bouleau luisant », *beith gheal,* et le phénomène, à la façon d'une robe de soirée, descend jusqu'au sol.

La femme celte était respectée. Elle était couverte d'amour, *grá,* tout particulièrement sur le plan domestique. On nommait souvent les arbres d'après des femmes, tout comme les lieux, les puits et les fêtes. Ce respect s'étendait à toutes les femmes celtes, de la *bean ríon,* la reine, à la *bean luí,* l'amante. Les frasques de la reine guerrière Medb de Connacht étaient connues de tous. Cette beauté célèbre a mené une vaste flotte au combat sur le littoral occidental d'Irlande. Elle collectionnait aussi les hommes, qui succombaient à son appétit sexuel irrésistible. La légende de la reine Medb rivalisait avec l'*Iliade* d'Homère dans tout le monde celte, et c'est encore le cas aujourd'hui.

Le bouleau fut baptisé *beith* bien avant notre ère. Dans la tradition orale des Celtes, *beith* était un mot-temple, une porte vers le sens de la vie, une étoffe tissée des trois fils du corps, de l'esprit et de l'âme. Le mot *beith* est censé exister en tant que constante mystique hors du temps. Une vieille formule celte s'y rapporte, et une version de celle-ci se retrouve dans chaque grande religion mondiale : *An te a bhí agus ata,* « celui qui était et sera toujours ». C'est le divin qui germe à la naissance de l'humanité. Le bouleau irlandais porte le souvenir de ce don.

Au cœur de la nature se pose l'éternelle question du sens de la vie. Les *ollúna* — les hommes et les femmes érudits de l'élite des druides — prenaient cette question très au sérieux. La philosophie de la vie était transmise de génération en génération dans ces familles. On lançait des énigmes où le sens des mots s'altérait et se retournait. Du lait des mots, les bardes tiraient la crème du chant et des vers, et la cour de Tara a fait de cette crème le beurre simple de rimes qui résisteraient à l'épreuve du temps.

Les Celtes ont pris le bouleau, *beith,* et lui ont attribué la lettre *B* de l'alphabet oghamique. Le tracé de cette lettre commence par une ligne verticale. Du centre de cette ligne, vers la droite, part une ligne perpendiculaire.

Toutes les nations maritimes du Nord ont fait grand usage du bouleau, des canoës amérindiens aux currachs celtes.

Les druides-médecins, hommes et femmes, en connaissaient les propriétés médicinales. Une tisane faite en versant de l'eau de puits bouillante sur des feuilles de bouleau adultes est un vieux remède contre les infections urinaires. Cette boisson légèrement diurétique est censée exercer une action antiseptique douce sur les tissus délicats de l'appareil urinaire masculin comme féminin. Elle est encore utilisée par les peuples autochtones dans toute la couronne de la forêt boréale en dessous de l'Arctique.

L'aspect le plus formidable du bouleau, on le trouve à l'époque moderne. Un arbre qui faisait partie du patrimoine commun est désormais aux mains d'entreprises multinationales. Son écorce est convertie par distillation en petits cachets blancs. Quatorze millions de ces cachets d'aspirine sont vendus en pharmacie chaque jour, pour soulager la douleur, combattre la fièvre et réduire l'inflammation. On lui a également découvert des vertus anticoagulantes.

Mais ce n'est pas tout ! Dans l'obscurité, le bouleau produit un agent phytochimique régulateur. Ce petit joyau, l'acide bétulinique, a notamment une activité antitumorale. Il pousse les cellules cancéreuses à s'autodétruire. Son rôle dans l'arbre consiste à le maintenir en attente et à réguler sa croissance jusqu'à ce que les conditions d'ensoleillement s'améliorent.

Le bouleau contient également un étrange sucre du nom de xylitol, qui inhibe une bactérie responsable des caries dentaires et d'otites chez les jeunes enfants. Maintenant, du coup, on met du xylitol dans les chewing-gums pour avoir des dents plus saines.

Les fabuleux bouleaux que j'ai vus à Killarney poussent toujours sur la terre de mes ancêtres. Je suis prête à parier que, la prochaine fois que je me rendrai dans la vallée, un nouveau joyau m'y attendra. La nature est pleine de surprises.

C

Coll

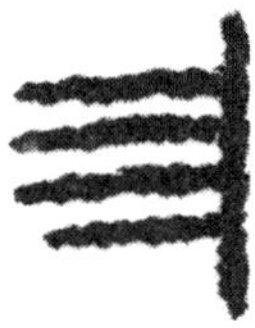

Le noisetier

Un vieux château du clan O'Sullivan, Ardea, est perché sur une falaise dans le comté de Kerry, près de Kenmare. Les O'Sullivan étaient des pirates, ainsi nommés d'après leur roi, *Súil Amháin,* le Borgne. Le château coiffe un réseau de salles secrètes, et les passages qui mènent à certaines s'étendent sur plus d'un kilomètre et demi. Quand j'étais jeune, la rumeur voulait que des lingots d'or espagnols soient cachés dans ce réseau. Le dernier représentant du clan O'Sullivan, mon cousin William, a décidé un jour que ce trésor lui appartiendrait.

William était un *collóir,* un sourcier ; il avait récemment appris qu'il était aussi sensible à la présence d'or et d'argent qu'à sa cible habituelle, l'eau. Il est arrivé au château avec une énorme provision de noisetier, ou *coll,* qu'il a entrepris de tailler en longs Y. J'étais là quand sa baguette de sourcier, *slat choill,* s'est presque tordue tant l'attraction exercée était forte. Au final, William O'Sullivan a découvert qu'il n'y avait là ni or ni argent, rien qu'un réseau de ruisseaux sous son château.

Le noisetier a une histoire singulière. Le dernier âge glaciaire a forcé la terre à se reposer. L'action du gel combinée à l'affouillement des glaciers a arraché des trésors de macro-éléments de la surface de la roche. Quand la glace s'est retirée, le sol était propre comme un sou neuf. Le noisetier, qui ne pousse pas très haut, était parfaitement adapté pour reconstituer les premières forêts.

Les chercheurs ont prélevé des carottes de terre remontant à la période qui a suivi le dernier âge glaciaire. Celles-ci, partout sur le globe, sont contaminées par une énorme quantité de pollen de noisetier, qui semblait planer en bancs au-dessus du sol. C'est sans doute en partie lié à la pression climatique sur les arbres, qui les forçait à se reproduire ; les autres facteurs de cette première efflorescence de pollen sont inconnus. Nous sommes aujourd'hui témoins de libérations de pollens aussi généreuses qu'à cette époque. Tirez-en les conclusions que vous voudrez.

Les Celtes adoraient les noisettes. Il s'agissait d'un ingrédient clé pour ceux d'Irlande et d'ailleurs, jusqu'en Turquie. On les appréciait aussi plus loin, en Chine et au Japon. Le fermier celte combinait intelligemment culture du foin et culture des noisetiers. Ces derniers aiment que leurs racines puissent se nourrir tranquillement dans un champ d'herbe. Une haie de noisetiers protège le foin, de sorte qu'ils poussent de concert, en tirant profit de la présence de l'autre : meilleure est la récolte de foin, plus grosses sont les noisettes. Le foin était coupé, séché et ramassé ; les noisettes mûres étaient cueillies juste après.

Les noisetiers ont voyagé avec toutes les anciennes civilisations. Les Grecs en prélevaient l'écorce fraîche pour y écrire. Le mot est resté dans la langue, et se retrouve aujourd'hui dans le terme « protocole », de *protokollen,* la première feuille de papyrus d'un document important.

Avant les foreuses et autres machines modernes, les gens se reposaient sur l'instinct pour localiser de l'eau sous terre. Les individus qui héritaient de cet instinct avaient une grande valeur pour la communauté. L'eau de mon puits en Ontario a été détectée par le sourcier du coin, qui se trouvait aussi être le puisatier. Il a d'abord estimé le meilleur débit à la minute et à l'heure, puis il a foré le puits, et nous avons construit la maison dessus.

Notre sourcier canadien s'y est pris exactement comme mon cousin William. Il a coupé un long bout de noisetier en forme de Y, l'a fermement agrippé et s'est mis à déambuler en le pointant vers le sol. Il a sillonné une bonne partie du terrain avant de ressentir un tressaillement, qu'il a suivi jusqu'à ce que la baguette s'affole. Il a ensuite redressé sa casquette d'un coup de pouce et a dit en souriant : « Je crois qu'on a trouvé l'eau ! Je vais forer là. C'est un bon emplacement. Vraiment bien. »

Le noisetier, *coll,* a été appelé à rejoindre le panthéon des arbres sacrés, ou *bile,* à cause de sa valeur nutritive et de son étrange affinité avec l'eau. Il a été ajouté à l'alphabet oghamique, où il porte la lettre *C.* La forme écrite de ce *C* est une ligne verticale hérissée de quatre lignes horizontales sur son côté gauche. La prononciation du *C,* si on lui ajoute un point suscrit, devient plus dure et sèche, un son utile pour l'emphase en poésie.

En plus de la valeur médicinale du noisetier, son fruit a toujours été considéré comme bon pour la santé par les druides-médecins. En vertu des lois brehonnes, chacun avait librement accès aux noisettes, comme à l'eau et à l'air, un patrimoine sanitaire partagé du bas en haut de la société.

Les remèdes tirés du noisetier étaient autrefois connus partout dans le monde. Les feuilles adultes de *Corylus colurna* étaient séchées et fumées en Asie. Les peuples autochtones d'Amérique du Nord utilisaient leur noisetier indigène, *Corylus cornuta,* pour calmer la fièvre des petits qui faisaient leurs dents. Ils l'incluaient également dans un remède complexe contre le sentiment de solitude.

Plus récemment, un actif puissant a été découvert dans des espèces de noisetiers aux quatre coins du globe. Cette substance, le paclitaxel, évite la prolifération cellulaire et empêche la croissance des cellules cancéreuses ; elle est aujourd'hui utilisée dans le traitement de certains cancers.

Les anciennes pratiques médicales, de l'Irlande à l'Asie en passant par l'Europe et le Moyen-Orient, et jusqu'à l'Amérique du Nord, ont quelque chose à nous dire à propos du noisetier. Il s'agit d'une expression magnifique de la biodiversité : sans lui, nous n'aurions pas cette arme contre le cancer.

D

Dair

Le chêne

Le chêne est l'arbre chéri du monde celte. Comme je l'ai découvert enfant, les tourbières irlandaises en recrachent parfois des fragments conservés dans la saumure des âges. Le gros grain du bois de chêne fonce à cause des acides des marais et acquiert la dureté d'une pierre précieuse. Ce chêne noir, lourd, riche de l'odeur des siècles, peut devenir une œuvre admirable entre les mains d'un sculpteur.

Le nom gaélique du chêne irlandais, *dair,* apparenté aux formes grecques et sanskrites du mot, a échappé à l'oubli imposé par les Lois pénales. Les chênes eux-mêmes, *Quercus robur,* ont toutefois survécu de justesse, représentés en général par un unique spécimen sur les propriétés anglo-irlandaises. Beaucoup d'autres mots n'ont pas eu cette chance. Au cours des cinq cents ans de domination anglaise, la langue gaélique, avec sa prononciation implacable, ses règles de grammaire et ses nuances exquises de fierté et de poésie, a été systématiquement décimée. Comme les Anglais trouvaient *dair* facile à dire, le mot en a réchappé.

Le chêne irlandais, autrefois planté en bosquets impressionnants, est la véritable *lus,* ou plante médicinale, des druides-médecins. Un chêne vit jusqu'à près de mille ans, et parfois davantage dans le sol riche et le climat tempéré du jardin d'Irlande. À mesure que l'arbre se développe, son tronc produit des branches horizontales qui portent un houppier de feuilles. Celles-ci s'étoffent également avec l'âge. Dans les anciennes forêts de chênes, les ramures se touchent dans une course au soleil qui impose à l'arbre de prendre des décisions. Il choisit ainsi d'allonger ses branches et de les incliner vers le sol pour plus de soutien et afin de s'élever ensuite dans un espace ouvert pour recevoir la lumière du soleil. Quand les branches touchent terre, des racines s'y enfoncent pour créer un système d'alimentation secondaire.

Chez les vieux chênes, le périderme et le tissu cortical produisent une fine poussière de compost humide qui, sur les branches horizontales supérieures, accueille des espèces rares de fougères et de mousses, qui s'y développent dans des conditions idéales. Voilà qui prépare le terrain pour la visite de la grive draine, un passereau qui arrive avec son cortège de graines collantes. La plante parasite qu'est le gui, *Viscum album,* s'installe. C'est le *drualus,* l'herbe magique des druides.

Le chêne recèle un autre vieux remède. En vieillissant, il subit l'effet du vent dans sa ramure, qui ajoute à son poids et induit une certaine torsion du tronc. Au contact de l'eau, un tannin est libéré, qui la teint en noir : c'est la *uisce dubh,* l'eau noire des druides-médecins. Ce tannin gallique est une molécule puissante, un polymère encore utilisé aujourd'hui, notamment dans le traitement des grands brûlés.

Autrefois, le chêne nourrissait l'homme et les bêtes. Certaines des six cents espèces de cette famille donnent des glands comestibles. Pour d'autres, il faut d'abord débarrasser les glands de leur acide tannique avant de les griller ou de les réduire en farine. C'était la base des cultures qui consomment des glands dans le monde. On trouve encore de gros glands comestibles sur de nombreux marchés alimentaires arabes et asiatiques.

Le chêne est le roi du règne végétal. Chaque arbre est une métropole qui abrite insectes, papillons et pollinisateurs. Les peuples autochtones d'Amérique du Nord s'en servaient comme d'un thermomètre de la croissance des plantes. Sa longévité est remarquable, de même que son adaptation au soleil : il produit sa propre protection solaire ! Les feuilles tombées à terre poursuivent leur activité liée à la lumière et libèrent une hormone qui stimule la croissance des racines des glands, l'acide abscissique.

L'histoire d'amour entre les druides et le *dair* est légendaire. Dans le bois du chêne est gravée une chronologie des millénaires, un récit exact des temps. Le chêne est un arbre sacré, ou *bile,* et son nom est associé à la lettre *D* dans l'alphabet oghamique. Celle-ci est représentée par une ligne verticale hérissée de deux lignes horizontales sur le côté gauche.

Une légende druidique prétend que l'arbre est le cœur vivant de la planète, et que le jour viendra où les gens restaureront ces forêts sacrées de chênes, en commençant par le comté de Clare, en Irlande. D'après la légende, cette idée se répandra comme une traînée de poudre.

Je me rappelle ma première rencontre avec le chêne de Brian Boru, en Irlande. Ce massif hommage aux dieux se dresse sur une colline glaciaire qui s'étend loin, comme un lion majestueux sur la plaine du Serengeti. Cet arbre exsude une confiance à la mesure de son élégance absolue, qui l'impose dans le paysage.

Il faut en faire le tour comme on ferait le tour de la terre. Sa splendeur se révèle quand on s'approche et qu'on lève les yeux. Partout, sa ramure génère une atmosphère particulière. Ce n'est que lorsqu'on le contemple depuis une colline voisine qu'on se rend compte qu'il s'agit d'un seul et même arbre au tronc massif, qui soutient facilement la comparaison avec un séquoia d'Amérique du Nord.

Le chêne de Brian Boru est gardé non par un chien mais par un énorme taureau noir au mufle percé d'un gros anneau métallique. Cette créature hante l'ombre de l'arbre comme une *síog,* une fée. Un pas vers le tronc réveille le tonnerre de ses sabots tandis qu'il baisse la tête et s'élance au galop. Le taureau et le chêne sont amis ; l'un pousse pendant que l'autre gronde.

Il s'agit du dernier grand arbre de la forêt primaire tempérée irlandaise. Un exemple des anciennes forêts européennes. Il s'agit aussi du seul arbre qui a résisté à mes efforts pour le cloner.

E

Eabha

Le peuplier

La nature est pleine d'excentricités. Les Celtes l'acceptaient, et ont réussi à tirer des règles du chaos naturel.

Le peuplier était l'une des balises au milieu du chaos, le baromètre du monde celte. On le guettait jour et nuit, en quête de signes de changement de temps. Ses feuilles vertes ovales sont plus fines que celles d'autres arbres à feuillage caduc, et soyeuses au toucher une fois adultes. Ces douces voiles pendent au bout d'un long pétiole, rattaché à l'extrémité des branches pour former la ramure.

De plus, bon nombre de feuilles ont un double système glandulaire à l'extrémité du pétiole liée au limbe, qui agit comme un contrepoids miniature, un peu à la façon du pendule d'une horloge comtoise. La face supérieure de la feuille est lisse, et sa face inférieure comporte des poils microscopiques qui suivent les bords irréguliers du limbe. De ce fait, les feuilles de peuplier s'agitent à la moindre brise.

Le nom scientifique du peuplier est *Populus tremuloides,* « arbre qui tremble ». Si le vent fait bruisser ses feuilles pendant la nuit, il pleuvra le lendemain. S'il les soulève et les retourne, montrant leur face inférieure argentée, on peut s'attendre à une tempête. Si les feuilles se contentent de claquer, l'averse est imminente.

Les Celtes ont transposé ce savoir des feuilles au tableau noir des cieux nocturnes. Si la lune s'entoure d'un halo, le temps s'apprête à changer, passant de sec à humide. Le nombre d'étoiles dans le halo correspond au nombre de jours dans lequel le changement aura lieu. Ce type d'information était de la plus grande importance pour le peuple celte. Les considérations météorologiques nourrissaient les conversations à table. Certaines choses ne changent pas : aujourd'hui encore, le sort d'un agriculteur dépend du ciel.

Les mères étaient tenues en haute estime dans le monde celte, et le peuplier se trouvait toujours près de la maison ou dans les fossés qui bordaient les champs. Il y a très longtemps, il a reçu un surnom : *Eabha,* « Ève », ou *crann eabhadh,* « arbre d'Ève ». Car Ève, en tant que mère de l'humanité, était aussi connue pour ses jérémiades. Puisque le peuplier faisait du bruit presque en continu, on l'appelait *crann creathach,* l'arbre gâteux. Dans le sud de l'Irlande, où les Celtes étaient particulièrement sensibles au temps, le peuplier était une *cnámhseala,* une vieille femme tremblant de tous ses os, le genre d'insulte que l'on profère tout bas à l'encontre de sa belle-mère.

Les propriétés médicinales du peuplier étaient bien connues des druides-médecins. Les différentes parties de cet arbre produisent quatorze formes d'acide salicylique. Bon nombre des remèdes préparés grâce à lui ont été perdus, mais l'un d'eux est encore utilisé par les apiculteurs. Quand les abeilles sont énervées par l'humidité ou qu'elles sentent l'adrénaline sur la peau d'un homme, elles piquent. Il faut alors écraser la feuille adulte d'un peuplier pour libérer de l'acide salicylique qui, si on presse la feuille pendant quelques minutes comme une compresse verte sur la peau, soulage la douleur.

Le plus ancien usage médicinal du peuplier vient du nord du Canada, dans la pharmacopée vivante des peuples algonquin, cri et ojibwé. Ils considèrent le peuplier comme un arbre anti-famine. Quand les trappeurs ou les chasseurs sont en difficulté dans ce paysage immense, ils peuvent se tourner vers le peuplier pour se nourrir. Ils ôtent alors un lambeau d'écorce du tronc pour révéler la couche cambiale verte. Celle-ci, avec son goût de melon, permet de survivre.

Les Celtes ont intégré le peuplier râleur, leur *Eabhadh,* à leur alphabet en tant que *bile,* « arbre sacré », où il incarne la lettre *E.* Celle-ci est représentée par une ligne verticale que barrent quatre lignes horizontales.

Récemment, les botanistes ont découvert aux États-Unis un peuplier étonnant, dont les racines ont survécu aux glaciations du Pléistocène par multiplication végétative. Ses cellules se sont clonées sous terre pour former une masse racinaire de près de quatre-vingts hectares, faisant de cet arbre d'un million six cent mille ans le plus vieil organisme au monde.

J'ai appris autre chose à propos du peuplier dans la forêt boréale. Pendant une pause au milieu du tournage, nous sommes allés à quelques-uns pêcher dans les eaux cristallines. Plus exactement, les cinq autres pêchaient le brochet tandis que je faisais semblant. Je maintenais mon hameçon et mon appât en surface, mais veillais à ce que ma ligne demeure hors de portée des poissons. Mes bêtises ne sont pas passées inaperçues, notamment de Sophia Rabliauskas, la guérisseuse, qui laissait échapper un petit rire à l'occasion.

Soudain, un castor dont on ne voyait dépasser que le nez est passé près du bateau en tirant une grosse branche de peuplier. Il l'a coincée dans sa hutte et a disparu. « Voilà notre médecine, dit Sophia. Si on mange le castor qui a mangé le peuplier, on a tout ce qu'il faut pour prévenir le rhume et la grippe ! »

F

Fearn

L’aulne

Quand je retournais à Lisheens chaque été, mon manteau d’écolière tombait dès que je descendais du car et que je m’asseyais à côté de Pat sur la carriole de la ferme, au rythme des sabots des chevaux, de l’eau qui coulait dans la rivière et de l’odeur pittoresque des animaux qui se mêlait à celle du chèvrefeuille.

Assise sur mon sac de gruau Macroom, mon jeune regard souverain posé sur un paysage qui était mien, je me faisais l’effet d’une reine. Les aulnes se dressaient, silencieux, sur mon passage, tandis que les roues me secouaient alors que nous montions vers mes collines.

Ces roues avaient tout changé pour les anciens Celtes, qui s’étaient emparés avec enthousiasme de cette invention incroyable. Les forgerons, qui comptaient parmi les intellectuels de la société celte, avaient examiné la roue avec l’intention de l’améliorer. Ils ont ainsi ajouté une bande de fer chaud sur le bois. En refroidissant, celle-ci se contractait, ce qui mêlait le métal au bois. Le forgeron ajoutait ensuite quelques clous pour que la roue accroche mieux la route. Un nouveau véhicule, que les Celtes appelaient *carr,* pouvait désormais transporter rapidement des marchandises. C'était le prélude à des problèmes bien connus : la circulation et bien sûr l'entretien de routes, au centre des coûts.

À mesure que la circulation augmentait dans le monde celte, des grand-routes devinrent nécessaires, puis il en fallut de plus grandes encore. Pour leur conception, il fallait relever le défi des gués, des tourbières et des marais. L'aulne fut la réponse : le bois de cet arbre, qui croît dans les sols humides, marécageux, est imputrescible dans l'eau, et son homogénéité le rendait parfait pour la construction de routes. Les aulnes qui poussent près des rivières produisaient des bûches d'une trentaine de mètres de long pour un diamètre de travail de quatre-vingt-dix centimètres. Des bûches de trente mètres formaient le lit de la route. En fonction du terrain, du chêne, de l'orme, du noisetier et de l'if ont aussi été utilisés, après avoir été écorcés et aplanis à l'aide d'une herminette. Ces nouvelles routes permettaient le passage de deux charrettes côte à côte.

Ce réseau routier traversait l'Irlande sur des kilomètres. Surtout, il passait par des tourbières, où les routes étaient renforcées par nécessité, mais aussi en vertu des lois des brehons ainsi que du *Senchus Mór,* un recueil de lois et de jurisprudences plus anciennes, selon lesquelles le roi était responsable de l'entretien des routes sur son territoire. Que des voyageurs soient blessés parce que la route était en mauvais état, et le roi devait les dédommager. Toutefois, si le voyageur endommageait la route par négligence, il devait une compensation financière au roi ou au chef local.

Quand une route devait traverser une rivière, la méthode de construction du pont, ou *droichead,* était dictée par le *Senchus Mór,* qui incluait également des règles concernant les fossés.

Bon nombre de grand-routes, ou *slite,* d'importance en Europe ont accueilli des voies romaines, mais cinq fameuses *slite* demeurent en Irlande, héritées des temps anciens, et rayonnent autour de la colline des rois de Tara. *Slí Asail* partait au nord-ouest. *Slí Mudluachra* traversait Tara du nord au sud. *Slí Cualan* partait au sud-est et passait par Dublin, tandis que *Slí Dála* menait au sud-ouest. Enfin, la plus célèbre, *Slí Mór,* allait de

Tara à Galway en suivant un esker, une crête de dépôts sableux. Il s'agissait de la route préférée de la princesse Niamh, fille du dernier haut roi et amatrice de vitesse, dont la chevelure flamboyante volait au vent. Un modèle de courage, de pouvoir et de fierté pour les femmes irlandaises.

L'aulne utilisé pour les anciennes grand-routes, *Alnus glutinosa,* est un arbre indigène d'Europe, d'Afrique du Nord et de bon nombre de régions d'Asie. Avec ses rideaux de chatons mâles à l'épreuve de l'eau, ce membre de la famille du bouleau est un beau cadeau du printemps, chargé de tannins qui suintent comme du sang quand l'arbre est coupé. L'air oxyde en quelques minutes le bois blanc, qui devient rouge, raison pour laquelle couper un aulne est censé porter malheur. Mais cette réaction chimique justifie l'utilisation de l'aulne comme teinture, fixée à l'aide de divers mordants végétaux, pour produire différentes nuances de jaune, de rouge et de rose, ainsi que du noir, du vert et du brun.

Les remèdes tirés des arbres de la famille du bouleau, comme l'aulne, n'étaient pas l'exclusivité des druides ; ils étaient connus et utilisés dans tout le monde civilisé. L'un des usages les plus anciens d'*Alnus glutinosa* était un bain de bouche antimicrobien et analgésique. La couche cambiale humide, sous l'écorce, était préparée en décoction et servait en gargarisme. C'était un bon moyen d'apaiser la douleur et l'inflammation des gencives et de la bouche. Curieusement, les Premières Nations ont recours à une décoction similaire de l'espèce présente en Amérique du Nord pour soulager la douleur cuisante des brûlures.

Une décoction d'écorce et de feuilles vertes adultes d'aulne était utilisée dans tout le monde celte pour ses effets analgésiques. On l'appliquait en lotion sur les articulations douloureuses — genoux, coudes, mains —, avant de la laisser sécher. On buvait aussi au printemps des tisanes d'écorce et de feuilles juvéniles.

Les druides considéraient l'aulne comme un *bile,* un arbre sacré. Il était pourvu d'un autre nom, *fearn,* pour la lettre *F* de l'alphabet oghamique. Le tracé de ce *F* était constitué d'une ligne verticale où prennent naissance trois lignes horizontales qui s'étendent vers la droite. Pour les anciens druides, le *fearn* était le gardien de l'eau, une substance à la fois sainte et sacrée.

G

Gort

Le lierre

Dans les anciens bois, le lierre est un grimpeur silencieux qui s'accroche au tronc des arbres pour atteindre le soleil. Le *gort,* de son nom gaélique, est une plante ligneuse vivace qui entame sa vie sous la forme d'une graine noire, brillante, tombée au pied d'un chêne. Le temps passe, et au bout de cinq cents ans la plante née de cette graine atteint la cime de l'arbre. Le monde celte considérait le lierre, *Hedera helix,* comme une plante magique qui protégeait des esprits malins. Quand le soleil était au plus bas sur l'horizon en décembre, *Mi na Nollag,* chaque famille accrochait des festons de lierre sur le manteau de la cheminée pour qu'il apporte sa protection à la maison, une coutume qui persiste aujourd'hui.

Fin décembre, ceux qu'on appelait « hommes de paille », ou *cleamaír,* à cause du chapeau de paille pointu qui masquait leurs traits intégraient du lierre à leur déguisement tandis qu'ils allaient de maison en maison pour jouer des saynètes, chanter et réciter de la poésie pour leurs voisins. Comme nous, les Celtes voulaient commencer l'année sur une page vierge. Chez les *cleamaír,* les hommes s'habillaient en femme et les femmes en homme, et s'ils réussissaient à cacher leur identité à leurs amis et à leurs parents, ils parviendraient à faire de même face aux esprits. Si toutefois l'un d'eux était reconnu, il était condamné à répéter les erreurs de l'année passée.

Pour les Grecs, le lierre était l'attribut de Bacchus, le dieu du vin, car c'était un remède à leurs excès. Bien que toxiques, ses feuilles servaient en traitement préventif de l'ivresse : on les faisait infuser dans le vin. Ces velléités de fausse sobriété se sont transmises aux Anglais, qui peignaient des profusions de lierre au-dessus des portes et du nom de leurs tavernes favorites.

On voit encore de grands chênes et leur corset de lierre vieux de cinq cents ans montant vers les cimes dans le bois de Raheen, en Irlande, minuscule vestige d'une vieille forêt datant des parties de chasse du dernier haut roi, ou *ard-rí*. Il s'agit du seul endroit sur l'île qui nous éclaire sur l'environnement dans lequel évoluaient les druides et sur les plantes qui nourrissaient leurs efforts médicinaux. De loin, les tiges du lierre qui escalade ces vieux arbres ressemblent à des muscles. Chaque arbre se consacre à grandir, en aucun cas diminué par la liane qui s'enroule autour de lui. Peut-être celle-ci lui est-elle même bénéfique en lui fournissant de l'auxine, une phytohormone de croissance, le maintenant ainsi en bonne santé.

Tandis que l'œil grimpe le long du tronc en suivant le lierre, on voit que la forme des feuilles change à mesure que la plante s'élève et s'agrippe à l'arbre grâce à des racines aériennes qui agissent comme des crampons. Les feuilles les plus proches du sol comptent plusieurs lobes ; plus haut, elles perdent ces indentations. Les feuilles juvéniles, au sommet, portent à la fin de l'automne des grappes de fleurs verdâtres qui, une fois fertilisées, produiront des fruits noirs charnus aussi toxiques que les feuilles.

Comme bon nombre d'autres plantes vénéneuses, le lierre est précieux au plan médical. Il s'agit d'un membre de la famille du ginseng dont les composés énigmatiques sont difficiles à comprendre, car ils agissent au niveau cellulaire. Les druides se servaient des feuilles de lierre cordées qui poussent près de la cime des chênes pour traiter diverses douleurs, mais les recettes exactes des remèdes ont été perdues. La feuille de lierre était aussi utilisée en cataplasme contre les rhumatismes, en décoction dans du vinaigre comme bain de bouche pour apaiser les rages de dents, et l'extrait de sa résine noire, dans les soins dentaires.

Le ginseng des Celtes avait sa place dans l'alphabet oghamique même s'il s'agissait d'une liane vivace plutôt que d'un arbre, et il correspond à la lettre *G,* pour *gort.* Ce mot a un sens complexe, puisqu'il signifie aussi « champ » et, sous la forme *gorta,* « famine ». Leur vie reposait sur l'équilibre fragile entre ce qu'on pouvait cultiver au champ et le fléau de la famine.

Dans l'alphabet oghamique, le *G* est représenté par une ligne verticale que croisent deux lignes parallèles inclinées vers la droite. Sa consonne gutturale pimente les poèmes et les chants en langue irlandaise. Le *gort* était sacré aux yeux des druides pour ses propriétés médicinales et en tant que protecteur des forêts : une plante de soixante mètres de long qui s'élevait vers le soleil, la lune et les étoiles. Les anciennes forêts de la zone tempérée sont les seuls lieux où l'on peut trouver ce lierre précis, mais les tronçonneuses continuent de ronronner.

H

Huath

L'aubépine

Les anciens Celtes voyaient dans l'aubépine un vecteur de pouvoir. Ils croyaient que cet arbre ouvrait sur le monde des *síogaithe,* les fées, le bon peuple, ou *na daoine maithe.*

Les druides érudits connaissaient le ciel nocturne et le système solaire, dont ils décrivaient toutes les particularités en termes mathématiques. Ils ont développé le calendrier de Coligny. Ils ont repris à leur compte le fer et l'agriculture durable. Ils ont inventé et réinventé une démocratie aux lois justes qu'ils ont baptisées lois des brehons. Ils ont consigné leur culture orale sous une forme écrite grâce à l'alphabet oghamique, et les druides scolarisaient hommes et femmes sans distinction.

Leur système de croyance était gouverné par le concept d'âme, *anam,* et la direction spirituelle, *anamchara,* qui émane de partout. Ils croyaient que le monde du vivant était pétri d'âme, de l'eau aux montagnes en passant par l'herbe, les animaux sauvages et les insectes. Toute vie était reliée par cette âme et, pour cette raison, la vie sous toutes ses formes devait être protégée.

L'*anam* était aussi présente dans l'au-delà, comme une forme de continuité de la conscience. Les fées vivaient dans ce monde parallèle et pouvaient aller et venir à leur guise. Elles annonçaient aux vivants la mort prochaine de tous les membres des vieilles familles celtes dont le nom commençait par Mac ou par Ó. Ces familles royales recevaient la visite de la *beansí,* ou banshee, une créature surnaturelle capable de produire une musique enchanteresse, *ceolsí,* ou des lumières dites *solassí* en guise d'avertissement.

L'aubépine appartient à la famille des *Rosaceae,* les roses. Son nom scientifique est *Crataegus monogyna.* Cet arbrisseau épineux peut atteindre dix mètres de haut, et son bois rosâtre est extrêmement dur et dense. En mai, il se pare d'un halo de fleurs blanches à l'odeur amère qui poussent en grappes. Celles-ci sont suivies de fruits ovoïdes rouge vif, techniquement de petites pommes, ou faux fruits, qu'on appelle « cenelles » et qui deviennent sucrés après une gelée. C'étaient les en-cas de la communauté agricole celtique en automne, particulièrement bons pour le cœur.

La magie de l'aubépine réside dans un vieux remède encore utilisé dans les blocs opératoires aujourd'hui. On le trouve sous différents noms déposés : Curtacrat, Crataegus-Krussler et Esbericard. Ces médicaments sont des tonicardiaques à l'action vasodilatatrice. Ils ciblent une région inhabituelle du cœur humain, l'artère coronaire gauche ascendante, qui vascularise et nourrit le muscle cardiaque. L'extrait d'aubépine ouvre cette artère coronaire, permettant un meilleur afflux sanguin et donc une meilleure oxygénation de cette pompe musculaire vitale.

Les druides-médecins de l'Antiquité faisaient bon usage des remèdes à base d'aubépine pour différentes faiblesses. Aujourd'hui, elle est prescrite dans le traitement de l'hypertension associée à une faiblesse cardiaque, de l'athérosclérose, de la tachycardie et de certains problèmes associés avec l'angine de poitrine.

Les feuilles adultes de l'aubépine contiennent une autre substance puissante, une hormone de croissance pour papillons (un composé qui énergise les chenilles). Elle fortifie les populations de papillons et renforce leur capacité à polliniser les plantes.

L'observation était capitale chez les druides-médecins. Ce qu'ils n'arrivaient pas à expliquer, ils le qualifiaient de magie. Leurs observations ont résisté à l'épreuve du temps. Ils sont avec nous, aujourd'hui encore, au fondement de la biochimie.

L'aubépine a reçu un nom digne de son statut sacré, *huath,* qui est devenu la lettre *H* de l'alphabet oghamique. Celle-ci est représentée par une ligne verticale contre laquelle vient buter une unique ligne horizontale du côté gauche.

Il y a deux ans, il m'est arrivé une chose extraordinaire dans un aéroport international. J'attendais tranquillement mon vol quand j'ai remarqué une Chinoise très agitée debout près de moi. Elle avait sa carte d'embarquement dans une main et son passeport dans l'autre. On appelait son vol, et je me suis rendu compte qu'elle ne parlait pas anglais et qu'elle commençait à paniquer. Je suis donc allée la voir et, à grand renfort de gestes, j'ai réussi à la diriger vers la porte mentionnée sur sa carte d'embarquement. Elle m'a remerciée en mandarin et a tiré de son bagage à main cinq bâtonnets roses qu'elle m'a offerts. Plus tard ce jour-là, j'ai demandé à un ami de traduire pour moi les caractères qui y figuraient. Il se trouve qu'il s'agissait d'aubépine chinoise, une espèce différente de l'européenne, qui fournissait un remède de voyage pour le contrôle de la pression artérielle.

À cette époque, je travaillais moi-même sur l'aubépine et l'hémodilution. Était-ce une coïncidence ?

I

Iúr

L'if

Rasez une forêt. Rasez toutes les forêts, et vous détruisez la vie spirituelle d'une culture sylvestre. C'est un génocide, la destruction systématique d'un groupe culturel, coup après coup.

L'if irlandais, l'arbre du deuil dans la culture celtique, a disparu des terres verdoyantes d'Irlande par la volonté des Anglais. Ceux-ci ont fait table rase des paysages forestiers que les cours du haut roi de Tara qualifiaient d'*iúrach,* « riches en ifs ». Ce bois dur, dense, souple et imputrescible était utilisé pour confectionner des armes de guerre, et par la maîtresse de maison dans sa laiterie.

Autrefois, le travail du bois rouge orangé de l'if était très répandu chez les Celtes. Son grain serré et ses pores minuscules étaient imperméabilisés à l'aide de lait ou de ses dérivés. Dans des conditions humides, l'if ne s'abîmait pas, il demeurait intact. Il servait à faire des barattes, des cuves à lait et les ustensiles pour la fabrication du beurre. Les menuisiers spécialisés qui fabriquaient ces contenants en if étaient des *iúróurí,* et leur spécialité, l'*iúróireacht.* Au fil des ans, le bois d'if se patinait sous l'effet du lait, comme les tonneaux en chêne dans lesquels on vieillit le whiskey. Un peu partout, les femmes échangeaient et vendaient des beurres artisanaux spéciaux.

Quand il grandit dans un sol riche, le bois de l'if adulte — *Taxus baccata* de son nom scientifique — possède des qualités exceptionnelles. Comme ses trachéides sont flexibles et restent très robustes même quand on le courbe, le bois d'if était réputé pour la fabrication d'arcs, cette arme capitale dans les guerres d'autrefois. Les Celtes étaient connus pour leur excellente coordination main-œil. C'étaient des soldats d'élite, même à Rome.

Par chance ou par hasard, l'if est revenu en Irlande en 1780, alors que les Lois pénales s'appliquaient encore. Par un matin de printemps, près de Lough Erne, dans ce qui est aujourd'hui l'Irlande du Nord, un fermier qui faisait le tour de ses champs a vu quelque chose de bizarre pousser dans l'un d'eux. En s'approchant, il a découvert deux petits ifs qui grandissaient résolument côte à côte. Son terrain avait été déboisé depuis longtemps pour laisser la place aux plantations des Anglais, dont certains étaient des Beresford. Ces deux ifs, presque miraculeusement nés de graines restées là en dormance, étaient tout ce qui restait des forêts d'ifs de la vieille Irlande.

L'if est un arbre médicinal, de même que les sept autres espèces de son genre (bien que certains botanistes considèrent que ces huit espèces n'en font qu'une). Partout sur la planète, dans presque toutes les cultures, c'est un arbre qui représente le deuil ; son bois est utilisé pour les cercueils, et ses branches sont tressées dans les couronnes mortuaires. C'est un arbre toxique, à une étrange exception près : son fruit rouge vif, l'arille, dont la chair rouge est un mets apprécié des oiseaux et comestible, à l'exception de la graine qu'il contient.

En dehors de cela, l'if irlandais et tous les autres ifs sont toxiques pour le bétail et les hommes, mais ils produisent des composés chimiques extraordinaires du nom de taxols, qu'on utilise aujourd'hui dans le traitement de nombreux cancers. Comme bon nombre de médicaments dans ce domaine, une petite dose est curative, une plus grosse est mortelle.

Les druides-médecins connaissaient les remèdes qu'on peut tirer de l'if, et ils le plaçaient fermement sur le terrain des vivants en tant que *bile,* ou arbre sacré. Dans les foyers celtes, on étalait sur les brûlures le beurre stocké dans des contenants en if afin qu'elles ne soient plus au contact de l'air jusqu'à ce que la cicatrisation commence. Le lait conservé dans des cuves en if était bouilli avec des oignons pour obtenir un remède contre le rhume, ou utilisé pour faire transpirer et évacuer les virus. Le babeurre gardé dans des cruches en if était bu au printemps en guise de fortifiant et pour apaiser les problèmes de peau des adolescents affligés d'éruptions cutanées, de rougeurs ou de cicatrices ; on l'appliquait parfois sur le contour de l'œil pour soulager les tensions faciales.

Beaucoup des précieux remèdes des druides-médecins préparés à partir d'écorce, de racines, d'arilles, de bois et de feuilles se sont perdus. Ces remèdes secrets furent confiés à la garde de familles importantes. Ils ont disparu pendant cinq cents ans, au temps des Lois pénales, pour réémerger au début du XXe siècle, puis ils ont été rejetés comme étant des remèdes de bonne femme au profit de pilules modernes. Parmi eux se trouvaient des traitements contre le cancer et d'autres utiles dans la gestion de la douleur.

Mais certains demeurent. Les Iroquois d'Amérique du Nord avaient recours à des extraits d'ifs de l'espèce *Taxus brevifolia* comme activateurs de leurs remèdes. Un activateur est une substance qui rend un médicament plus efficace. L'if était traditionnellement utilisé dans des bains de vapeur pour traiter la douleur. On faisait bouillir les feuilles plongées dans l'eau, et la vapeur faisait transpirer le malade. L'extrait de taxol se déposait sur la peau, y séchait et soulageait les douleurs articulaires chroniques. L'if servait aussi à réduire l'engourdissement des membres et à réguler les menstruations.

Les druides, dans leur sagesse, ont introduit la lettre *I* pour *iúr* dans l'alphabet oghamique. Elle est composée d'une ligne verticale que croisent cinq lignes horizontales.

L'histoire de l'if se termine dans mon arboretum avec une espèce que je croyais perdue dans cette région : l'if du Canada,

Taxus canadensis. Cette plante est un vestige des anciennes forêts nord-américaines d'il y a des millions d'années. Je l'ai trouvé tapi dans l'ombre d'un grand arbre sous une clôture en cèdre, où il essayait désespérément de pousser. Et il y arrivera, c'est certain. Tant qu'il vit, l'espoir demeure qu'il produira de nouveaux remèdes contre le cancer. Voilà la biodiversité en action !

NG

Brobh

Le jonc

Pour les Celtes, l'éclairage avait la forme d'une plante. Il n'était pas alimenté par un réacteur nucléaire dont le combustible épuisé restera radioactif pendant des millions d'années. C'était le jonc, une plante des tourbières, une créature sauvage des marais.

Même les enfants savaient fabriquer une chandelle de jonc, *coinneal feaga*. La méthode était simple et parfaitement durable. Le génie du jonc est à chercher loin dans sa propre histoire. Quand les dinosaures se remplissaient la panse, le jonc, qui était alors une plante monstrueuse, figurait au menu. Il a dû procéder à quelques changements internes pour survivre au climat chaud et humide. Le cœur de la tige s'est alors mué en une substance spongieuse : le parenchyme. Celui-ci contient des galeries remplies d'oxygène, invisibles à l'œil mais essentielles à la vie.

Les familles celtes envoyaient leurs enfants chercher les meilleures plantes. En général, les plus grandes poussaient au bord des bonnes pâtures et des champs humides. Le jonc se développe de manière circulaire, les plus jeunes tiges en périphérie. Les plus hautes, au centre, ont souvent des étamines brunes, qui sont les organes reproducteurs. On récolte la tige en tirant d'un coup sec à la base blanchie de la plante. Il faut veiller à ne pas plier ni abîmer la tige en la cueillant.

C'est là que les choses deviennent amusantes. On pose la tige à plat et on l'incise de haut en bas avec un couteau bien aiguisé. En partant de la base, on extrait alors avec l'ongle du pouce le parenchyme blanc spongieux, qui fait une mèche de bougie idéale grâce à ses poches d'air. On trempe la mèche dans de la graisse chaude (de la graisse de mouton autrefois, car elle est facilement stockable sous forme solide), et on répète l'opération plusieurs fois, à mesure que la mèche refroidit. Une chandelle bien préparée durait à peu près une heure. On les plaçait dans un brûle-jonc, une à la fois, pour les allumer. Elles produisaient une lumière de bonne qualité en intérieur, et ajoutaient un doux éclat aux corvées du soir.

Le jonc des Celtes, *Juncus effusus,* n'est qu'une espèce parmi plusieurs centaines dans la famille des joncs. On s'en servait aussi pour garnir les fosses de stockage de pommes de terre, en mettant d'autres légumes (des choux, par exemple) au-dessus pour l'hiver. On en plaçait sous la litière des vaches à lait et des volailles en période humide pour faciliter l'écoulement des eaux. On tissait les joncs pour faire de magnifiques tapis, couchages, sièges de chaise et autres décorations d'intérieur. On s'en sert encore aujourd'hui dans la fabrication des tatamis au Japon.

Les fermiers savent depuis longtemps que le jonc est toxique pour le bétail. Quand ils ne manquent pas d'herbe ou de foin, les animaux l'ignorent en général ; mais, quand la faim se fait sentir, ils oublient leur indifférence passée et commencent à s'en gaver, sans pouvoir s'arrêter avant que la cécité, le coma et la mort ne les rattrapent.

Les poisons que contient le jonc ne sont pas bien compris, mais les athlètes y avaient recours pour se purger avant une course ou l'un des nombreux jeux de balle de l'Antiquité. Pour gagner en endurance face à la tâche qui les attendait, ils se lavaient trois fois à l'eau de jonc, qu'on considérait comme un émétique cutané.

Le jonc pourrait bien avoir aidé les plus grands coureurs de fond d'Irlande. Fionn le blond et sa bande de guerriers poètes, les *filíochta,* ont traversé l'Irlande sur toute sa longueur en une seule fois, accompagnés d'une fidèle meute de lévriers irlandais. Les exploits d'endurance de ce genre sont la trame de bien des légendes irlandaises.

C'est ainsi que le jonc a rejoint les arbres au statut sacré et qu'il a reçu la lettre *ng* de l'alphabet oghamique, aussi connue sous le nom de *ngetal* aujourd'hui. Sur les pierres oghamiques, on le voit sous la forme d'une ligne verticale que croisent trois lignes parallèles inclinées vers la droite. Mais le plus grand trésor des joncs est la lumière dont ils ont éclairé la vie ordinaire de tant de foyers celtes.

L

Luis

Le sorbier

Les Celtes ne sont pas le seul peuple à avoir regardé le sorbier avec crainte. Dans bien des régions de la forêt mondiale, nombre de superstitions et de légendes entourent cet arbre, même de nos jours. Le sorbier était utilisé en exorcisme pour libérer les esprits. On portait des amulettes de ce bois, et parfois l'extrémité d'une branche, pour se protéger de tout démon égaré qu'on croiserait en chemin.

Les Celtes, toutefois, ne s'en tenaient pas là. Ils considéraient le sorbier comme un arbre enchanté. Ils croyaient que les fées appréciaient énormément la beauté de ses fleurs immaculées, en mai, suivies de baies rouge vif, en automne. Elles étaient d'ailleurs réputées s'enivrer du jus de ces baies. Pendant la nuit, quand le sommeil jetait son sort sur les humains, les fées éméchées leur jouaient des tours, pas tous très agréables. Les Celtes, quant à eux, souhaitaient à leurs ennemis « *Caor thine ort !* », ce qui signifie « Que le feu des baies de sorbier te brûle ! », un vœu qui ne naissait pas d'une intention charitable.

Les fermiers du monde celte se servaient du sorbier dans leurs haies comme d'un genre de journal solaire. Ils notaient soigneusement la date à laquelle il fleurissait et en tiraient la date probable de la moisson dans leurs champs. La qualité des baies (et leur quantité) passait pour un indicateur de la taille du grain des céréales. Si le fruit mûr avait une belle couleur, tout allait bien dans leur monde.

La capacité du sorbier à enchanter était utilisée par les druides-médecins pour renforcer l'effet apaisant, ou *sámhnas,* qu'ils cherchaient à obtenir par la récitation de vers ou la lecture de livres sacrés. Être dans un état de *sámhnas* impliquait de baisser sa vigilance, comme un petit à qui l'on chante une berceuse, ou un animal. Beaucoup de chants servaient autrefois à détendre les vaches laitières afin d'augmenter leur production de lait. Aux yeux des druides-médecins, son action reposait l'esprit et permettait d'accéder plus vite à un état de sérénité.

Comme avec la méditation, la notion du temps change quand on est en *sámhnas,* et une minute peut en sembler dix, ou l'inverse. Un tel repos de l'esprit est bénéfique pour la détente du corps tout entier, et nous savons désormais que c'est particulièrement vrai concernant le cortex surrénal. Les druides-médecins estimaient qu'être pleinement conscient était bon pour la santé. Le sorbier était un remède en ce sens.

Le sorbier celte, *Sorbus aucuparia,* contient également des stimulants, comme les quatre-vingt-cinq autres espèces environ qui sont présentes dans le monde. Leurs effets se font sentir à une échelle similaire à celle du café ou du thé. Ses fruits mûrs crus sont toxiques pour l'être humain, et on doit donc, comme les baies de sureau, les cuire pour les manger. Une tisane de sorbier était considérée comme un fortifiant. Les ingrédients exacts de cette tisane, de même que le nom de l'espèce et le degré de maturité du sorbier utilisé ont été perdus. La boisson de ce type la plus proche encore consommée aujourd'hui est préparée par les peuples des Premières Nations d'Amérique du Nord, mais leur sorbier, *Sorbus americana,* contient des actifs beaucoup plus puissants. Leur fortifiant consiste en une infusion de cambium (ou seconde écorce) de sorbier, récolté au milieu du printemps, et d'acore odorant, *Acorus calamus.*

Les derniers à accorder une place majeure au sorbier dans leur pharmacopée traditionnelle sont les Slavey, les Cris et les Tchipewyans. Ils ont recours à trois espèces indigènes de la forêt boréale : *S. americana, S. decora* et *S. scopulina.* Les sorbiers de cette région septentrionale se limitent à de grands buissons, et la pression de journées courtes s'ajoute à des températures très fraîches pour rendre leurs actifs plus puissants.

Ces trois nations appellent le sorbier le « bâton médicinal ». Une fois adultes, ses feuilles supérieures, vertes et pennées, servent à préparer une décoction contre le rhume, la toux et les maux de tête. Une décoction racinaire est conseillée pour atténuer les douleurs lombaires. Enfin, en combinaison (très complexe) avec d'autres herbes et plantes indigènes, le sorbier sert aussi au traitement du diabète et du cancer.

Les druides-médecins ont sans doute élevé le sorbier celte au rang d'arbre sacré pour sa valeur médicinale dans leur société. Ils l'appelaient *luis,* et lui ont assigné la lettre *L* de l'alphabet oghamique, représentée par une ligne verticale d'où partent vers la droite deux lignes horizontales.

M

Muin

La ronce

Alors qu'il va chercher les vaches un soir de début d'automne, un fermier irlandais plonge une main calleuse dans un tapis de plantes épineuses qui poussent dans le fossé et l'en ressort avec une poignée de mûres. Il ne mangera que celles dont la base est blanche, et jettera les autres.

Ce rituel de cueillette automnale se perpétue depuis des milliers d'années dans le monde celte. L'espèce concernée est la ronce laciniée, *Rubus laciniatus,* qui pousse encore à l'état sauvage en Irlande et en Europe. Il s'agit d'un membre de la famille des roses, ou *Rosaceae,* doté de milliers de frères et sœurs dans le monde, du climat froid de l'Arctique à la chaleur du sous-continent indien.

Cette plante aux sarments arqués naît d'une graine sèche qui est passée par le biote bactérien de l'intestin d'un oiseau, d'un homme ou d'un mammifère. Ce qui reste d'azote suffira à la graine. La ronce est une plante bisannuelle. La première année, les sarments produisent de quoi nourrir la récolte de l'année suivante. Les petites fleurs blanches sont fertilisées et deviennent des drupes vertes, puis rouges, puis noires, qui consistent en une succession de graines enfermées dans leur propre enveloppe étanche qui contient le jus, une vraie tentation pour l'homme comme pour les bêtes.

Du point de vue de la ronce, la survie est primordiale. Comme toutes les autres espèces, elle s'implique dans la danse de la reproduction. Les choix sont limités pour une plante qui porte des bas en barbelés et fouette l'air d'épines qui écorchent la peau humaine, mais son fruit sucré pousse le cueilleur à risquer l'égratignure et, une fois le fruit mangé, la santé est en bonne voie.

Les biochimistes ont identifié dans les mûres un composé chimique du nom d'acide ellagique. Il s'agit d'un régulateur phytochimique qui stimule le système immunitaire et semble protéger de certaines formes de cancer, affirmation qui fait l'objet d'une enquête au Canada. On soupçonne également depuis longtemps que le jus de mûre possède une activité antidiabétique, mais cela n'a pas encore été prouvé lors d'essais cliniques. Un régulateur phytochimique, c'est le système de guidage cellulaire d'une plante, qui parfois se retrouve dans notre alimentation et agit sur l'intestin humain. Cette hormone végétale influe aussi sur les chemins que prennent les hommes, dont ce fermier gourmand qui cherche des mûres en rentrant ses vaches.

L'une des tâches à Lisheens, pendant mes années brehonnes, consistait à rentrer les vaches. J'avais tendance à gâter les animaux — qui le savaient bien —, et j'avais donc toujours un public à cette occasion. Vers quatre heures de l'après-midi, je prenais le bâton de marche. Les chats et leurs petits comprenaient aussitôt, et les chevaux approchaient au petit galop dès qu'ils me remarquaient. Les chiens, qui me collaient en permanence, me précédaient d'un pas décidé. Les poules suivaient aussi, tant qu'elles se sentaient en sécurité. Les moutons et les ânes nous rejoignaient, ainsi que quelques dindes, et nous partions tous chercher les vaches, plus bas dans la vallée. Fraise, ma préférée du troupeau, venait toujours me saluer la première, puis nous rentrions à la ferme en nous arrêtant çà et là pour cueillir et manger des mûres. J'aime beaucoup ce fruit et, à l'époque, mes doigts, ma langue et mes lèvres noircis trahissaient mes écarts.

Les guérisseurs des cultures autochtones antiques et modernes les qualifieraient de « manger de brousse ». Ils savent que, quand les gens de leur peuple cessent de consommer ce manger de brousse, ils voient leur santé décliner. Les aliments naturels de toutes sortes, issus de sources génétiques pures, ont un système de régulation phytochimique que la science moderne s'efforce aujourd'hui de comprendre. Négliger ces aliments nous a menés à une épidémie d'obésité, de troubles intestinaux et de diabète. Les druides-médecins ont compris cela par simple observation, celle-ci étant, après tout, le premier outil de résolution de problèmes.

Les druides-médecins étaient bien conscients de la rareté des espèces médicinales à leur époque. Ils avaient appris des médecins grecs au tout début de notre ère qu'une forme de férule (un fenouil géant) était en voie de disparition. Ce fenouil, du nom de *silphium,* poussait à flanc de montagne en terrain sec, sur un sol spécifique, près des côtes libyennes. Utilisée comme contraceptif, cette plante très recherchée dans le monde était devenue plus précieuse que l'argent pur. En 37 apr. J.-C., il n'en restait apparemment qu'une seule tige.

Les médecins des cultures de l'Antiquité ont jeté les bases de la médecine préventive il y a bien longtemps. Le savoir était une forme de pouvoir à l'époque, comme il l'est encore aujourd'hui. Les remèdes circulaient d'une culture à l'autre par le troc, et la trace en reste dans la langue. Mon nom de famille, Beresford, correspond à *Dún Sméarach* en irlandais : nous sommes les gens du « fort des mûres »... alors que la ronce refuse de pousser dans mon jardin !

La ronce est une espèce typique des bois. Elle aime pousser au soleil, en bordure de forêt. La dégradation naturelle du bois fournit à cette plante le potassium et la potasse nécessaires à la croissance des fruits. Les passereaux qui nichent dans les arbres sortent à découvert pour manger, puis retournent à l'orée de la forêt prendre le soleil. Quand ils se détendent, leurs muscles intestinaux en font autant, et ils évacuent les graines. Les druides comprenaient cet écosystème, et ils l'ont protégé en conférant à la ronce un statut sacré.

Muin, la ronce, est devenu la lettre *M* de l'alphabet oghamique, représentée par une ligne verticale traversée d'une autre inclinée vers la droite.

N

Nion

Le frêne

Dans l'Antiquité, le frêne était un arbre mystique. Bon nombre de cultures le voyaient comme l'être primordial, l'arbre créé le premier, à partir de rien.

Les Abénaquis parlent du grand guerrier Glooscap, leur créateur. Glooscap tailla des fûts de flèche dans le duramen du frêne, les redressant par friction sur une pierre (une tradition éprouvée), puis il les durcit, en choisit une et tira sur un grand frêne blanc, *Fraxinus americana.* La flèche perça le cœur de l'arbre, et les premiers membres de la famille humaine s'en déversèrent comme un ruisseau pour prendre leur place sur la planète.

Dans une saga nordique, l'arbre primordial était aussi un frêne : Yggdrasill. Cet arbre héroïque créait les âmes des non-nés et les protégeait entre ses branches puissantes. Il s'occupait d'elles tant qu'elles étaient à l'état d'embryon et, quand elles étaient prêtes, il les relâchait dans le monde.

Les hindous considèrent les arbres comme de grands luminaires qui ont atteint le plus haut plan du règne végétal. Dans de nombreuses régions d'Inde, les croyants ornent les arbres de couleurs et leur présentent du riz en offrande.

Les Celtes reconnaissaient la divinité de leur frêne, *Fraxinus excelsior,* qui dominait la cime des chênes. Son tronc sombre et gerçuré s'élançait vers les cieux. Avec ses grappes de samares sèches, c'était un aimant à passereaux. Le chant des rossignols s'élevait de ses branches. Son bois n'avait pas d'équivalent dans leur climat bruineux : il tenait le feu même quand on le coupait encore vert, car ses fibres étaient chargées d'huile, du duramen aux brindilles. Le frêne et la tourbe se mariaient naturellement pour apporter de la chaleur dans les foyers.

Les Celtes pratiquaient un jeu unique, le *hurling,* à l'aide de bâtons de frêne. Je viens d'une famille où ce jeu était très apprécié, et qui a compté quelques joueurs célèbres. Mon oncle Patrick, connu dans le milieu du *hurling* sous le nom de Rocky Donoghue, avait de nombreux fans et filait comme une fusée. Il avait des choses très intéressantes à dire sur ce jeu, et sur le sport en général. À ses yeux, le plus grand danger pour la démocratie, ce sont les jeunes gens défavorisés qui restent désœuvrés. Une véritable poudrière ! Les Celtes se servaient du sport pour orienter les jeunes, leur permettre de prouver leur valeur et apaiser les sentiments belliqueux.

Il n'est pas étonnant que les grands poètes, les savants et les philosophes celtes aient accordé au frêne ce qui lui revenait. Ils l'honoraient pour sa noble stature dans le paysage et la façon dont il cimentait leur culture du bas en haut de l'échelle à travers le *hurling,* un jeu féroce et rapide, un jeu d'honneur qui n'avait rien à voir avec l'aisance matérielle, dans lequel les athlètes étaient distingués pour leur humilité dans la victoire.

Le frêne s'appelait *nion* et correspondait à la lettre *N* de l'alphabet oghamique, formée d'une ligne verticale d'où partent vers la droite cinq lignes horizontales.

Le frêne était peut-être la source de remèdes druidiques mais, si c'est le cas, ceux-ci se sont perdus. On trouve dans le frêne des Celtes et dans l'espèce nord-américaine un même composé chimique, l'escine, qui a un effet vasoconstricteur. Les Premières Nations s'en servaient pour se préparer à la chasse. Avant de partir, le chasseur se passait sur le corps une décoction d'écorce de frêne adulte, ce qui évitait que son odeur ne se diffuse, de sorte qu'il devenait indétectable pour sa proie, même s'il se tenait au vent par rapport à elle.

Il est aussi fort possible que la manne décrite dans la Bible — la nourriture envoyée aux fils d'Israël tandis qu'ils traversaient le désert pour rejoindre la terre promise — provienne d'un frêne. Le frêne à fleurs, *Fraxinus ornus,* pousse dans ce climat très chaud. Ce petit arbre odorant a ceci de commun avec l'érable canadien qu'il présente lui aussi un excès de sucres, en l'occurrence des sucres d'endurance, idéaux sinon parfaits pour des gens en fuite. Pour extraire ces sucres, on fend l'écorce du frêne verticalement, ils s'écoulent aussitôt et s'accumulent en une masse blanche à mesure qu'ils sèchent en bas de l'incision. Cette manne contient quatre sucres complexes et un certain nombre d'actifs médicinaux. On cultive encore cette espèce à des fins alimentaires en Calabre, au sud de l'Italie, où on la considère comme une culture de rapport, au même titre que son cousin l'olivier.

O

Aiteann

L'ajonc

En cette ère de tourisme, seuls les visiteurs semblent remarquer en Irlande le jaune des ajoncs en fleur. L'ajonc nain, *Ulex minor,* assure l'essentiel du spectacle : il fleurit de juin à décembre, avec un pic en septembre. L'ajonc d'Europe, *Ulex europaeus,* est un arbuste épineux. Ils appartiennent tous deux à la famille des pois, et leurs fleurs sont d'un jaune très vif. Le jaune, notamment quand il devient fluorescent, tôt le matin ou le soir, est une invitation aux pollinisateurs dont dépend notre alimentation quotidienne.

Malgré son allure de simple ampoule allumée, la fleur jaune de l'ajonc présente un arrangement complexe. La grande plante porte de grosses fleurs, et la version naine, de plus petites, la taille rêvée pour une abeille. La variété plus haute fleurit plus tôt que l'autre, et les abeilles y prélèvent du pollen pendant que l'ajonc nain dort encore et ne produit pas de nectar. C'est exactement ce qu'elles ont besoin de ramener à la ruche : du pollen qui est en soi une mixture fortifiante pour les abeilles qui grandissent dans leurs cellules de cire.

Par le passé, ces ajoncs étaient aussi les amis du fermier celte. Ces deux arbustes sont très peu exigeants en matière de sol. Ils prospèrent sur un régime de famine : des silices alcalines et un peu de pluie. Ils trouvaient facilement leur place dans les haies et les terres communales pour séparer les champs, en plus des murs de pierres sèches. L'ajonc jouait le rôle d'indicateur saisonnier : une efflorescence précoce signifiait qu'on pouvait commencer à exploiter les champs. S'il s'ensuivait une période de floraison longue et continue, le fermier pouvait s'attendre à de bonnes récoltes, car les ruches seraient pleines et n'auraient aucun mal à polliniser toutes les cultures.

Les vieux Celtes faisaient une claire différence entre les deux espèces d'ajoncs. Cela avait peut-être un rapport avec leur pratique agricole de jachère en alternance avec des cultures fixatrices d'azote, à moins que chaque région agricole n'ait dû être traitée différemment. L'ajonc nain indigène d'Irlande s'appelait *aiteann gaelach,* tandis que l'ajonc d'Europe était l'*aiteann gallda,* l'« ajonc étranger ». Si les deux espèces poussaient en Irlande, c'est la plante naine qui était sacrée aux yeux des druides.

Les druides-médecins utilisaient les ajoncs pour leurs remèdes. Les formules ont été perdues, mais le miel d'ajonc, aujourd'hui encore renommé pour ses vertus médicinales, contient des actifs biochimiques très variés. Les plantes naines mènent une vie chimique différente des plus grandes. Elles sont régulées par une série de phytohormones du nom de gibbérellines. L'une d'elles, l'acide gibbérellique, est un régulateur de croissance basé sur un noyau chimique presque identique aux régulateurs hormonaux des humains. Les plantes génétiquement naines recèlent un trésor de remèdes plus efficaces que ceux de leurs frères et sœurs élancés.

Si l'ajonc nain était rare, ce serait une pièce de choix dans le monde botanique. D'ailleurs, s'il n'était pas aussi abondant, il aurait depuis longtemps été remarqué par au moins une compagnie pharmaceutique. Au fil des millénaires, il a appris à survivre dans un sol pauvre avec l'aide de bactéries spécialisées, *Rhizopus phaseoli.* Celles-ci forment des nodules externes sur les poils radiculaires qui fixent ingénieusement l'azote et le récoltent pour nourrir la plante. C'est une relation donnant donnant, qui produit le miracle des lectines, des molécules dotées de propriétés antitumorales avancées, qui peuvent réduire les risques de rejet et induire une tolérance immunitaire lors des transplantations d'organes et de tissus.

En effet, les druides-médecins d'il y a deux mille ans étaient des chirurgiens accomplis, un fait connu et reconnu par l'Empire romain. Ils dirigeaient des hôpitaux spécialisés dans bien des régions du monde celte, et le terme « hôpital » lui-même vient du gaélique. Ils traitaient les plaies ouvertes sur le champ de bataille avec du miel d'ajonc, un antibactérien cutané naturel.

Les gens du commun ramassaient des ajoncs, les séchaient et y avaient recours pour allumer la tourbe, car ils sont très inflammables une fois secs. Ils constituent également du fourrage pour les ânes et les chevaux.

Les druides appelaient l'ajonc *aiteann,* et ils lui ont associé la lettre *O* de l'alphabet oghamique. Elle est représentée par une ligne verticale barrée de deux lignes horizontales.

À mesure que ce qui est commun se raréfie, peut-être la véritable valeur médicinale de cette légumineuse sera-t-elle découverte ?

Q

Úll

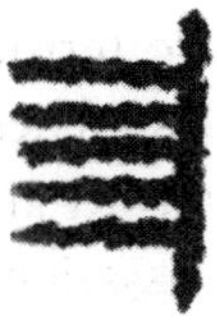

Le pommier

Le pommier poussait dans les vieux bois d'Irlande. Son fruit était vert et amer, une pomme sauvage laide, un peu plus grosse qu'un œuf. Ces petits arbres se dressaient à l'orée des forêts de chênes et dans leurs clairières. Hommes et animaux mangeaient leurs fruits en automne, et les pépins trouvaient de quoi se développer dans le sol riche et humide.

Il n'y a rien de plus facile à planter qu'un pommier. Le pépin brun et lisse est conçu pour glisser facilement hors de sa loge, au cœur du fruit, et le passage est facilité par la forme en pointe d'une extrémité. La partie arrondie du pépin touche le sol, où le cyanure qu'il contient lui évite d'être mangé. L'hiver vient et fait don de la dormance à l'embryon contenu dans le pépin. Le soleil printanier réchauffe la membrane brune qui l'entoure, le tégument, et une horloge interne de composés chimiques se met en marche. Du petit pépin sort une radicule immaculée, puis la gemmule, le premier bourgeon, monte vers le soleil, toujours protégée par l'enveloppe brune du pépin. Tandis que la jeune pousse s'étire sous son chapeau, les deux épaisses feuilles embryonnaires s'ouvrent pour embrasser l'air et se débarrassent du chapeau. Un pommier naît en seulement seize jours.

Les pommiers étaient importants pour les druides, car leurs fleurs nourrissent les abeilles mellifères, or le miel était souvent utilisé pour administrer les remèdes (ils passaient mieux ainsi). Le miel en rayon était lui-même considéré comme bon pour la santé ; on consommait à la fois le miel et un peu du rayon. On stockait en général le miel dans des jarres ou des boîtes, dans les conditions anaérobies des tourbières. Des milliers d'années plus tard, il apparaît comme l'aliment parfait.

Au printemps, après le premier afflux de pollen riche en protéines, les abeilles ont besoin de nectar, puis de résine. Grâce au pollen, les ouvrières nourrissent la reine pondeuse pour développer le couvain. Une fois que les larves entament leur pupaison pour donner ensuite de jeunes ouvrières, il leur faut du miel liquide à forte teneur énergétique afin d'avoir l'endurance nécessaire pour voler et butiner. Les fleurs du pommier satisfont à merveille ce besoin printanier. L'apport de nourriture doit arriver pile au bon moment, ou la faim affaiblit la ruche.

Le pommier lance un appel chimique à la ruche. Des ouvrières éclaireuses enquêtent sur la source de l'odeur et goûtent ses produits, puis elles exécutent une danse d'orientation à la ruche afin de fournir aux autres ouvrières les indications nécessaires pour localiser l'arbre. La ruche se repaît d'un miel doré, et les abeilles ont ensuite une musculature suffisamment développée pour effectuer pendant toute la période de végétation la pollinisation croisée des cultures.

Le pommier n'était qu'un maillon de la chaîne de réactions qui se produisait dans les anciens bois. Les jeunes ouvrières, élevées au nectar de fleurs de pommier, avaient la force de s'aventurer plus loin. Elles entraient dans les bois de chênes, où elles trouvaient les résines polymères qui protègent l'extrémité des jeunes branches. La plupart des abeilles pollinisatrices ont besoin de cette colle pour tapisser leur ruche ; elles se servent de leurs mandibules pour arracher la résine et en faire une balle pour le transport. Il s'agit d'une tâche ardue pour une abeille. Elles échouent parfois et laissent tomber la résine sur la planche d'envol de la ruche avant de pouvoir la livrer. Ce n'est que par un effort commun qu'une colonie d'abeilles peut survivre.

Les druides honoraient la tapisserie de la vie qui se déploie autour de l'abeille mellifère. Ces ouvrières étaient considérées comme une extension de la famille. On leur annonçait les naissances, les mariages, les décès et les anniversaires. On partageait toujours son chagrin avec elles sous la forme d'une communication non verbale. Le pommier chétif du bois, quant à lui, était honoré comme un arbre sacré vital, un *bile.*

Le pommier, *Malus pumila,* portait la pomme sacrée, *úll.* Dans l'alphabet oghamique, la lettre *Q* à laquelle elle correspond est représentée par une ligne verticale d'où partent vers la gauche cinq lignes horizontales.

Il existe vingt-cinq espèces de pommiers sauvages dans l'hémisphère Nord, de l'Amérique à l'Europe en passant par l'Asie occidentale. Toutes sont aujourd'hui rares, et certaines sont menacées. Elles font partie de la famille des rosacées et jouent un rôle capital dans l'alimentation, et donc la santé, des insectes pollinisateurs. L'approvisionnement alimentaire mondial repose en grande partie sur le travail de ces insectes et de tous les autres pollinisateurs, autrefois protégés par les lois des brehons.

Les druides-médecins connaissaient de nombreux usages médicinaux pour la pomme. Ceux-ci se sont perdus assez récemment, oubliés par les descendants des vieilles familles celtes qui, pendant des générations, avaient conservé ce savoir et le dispensaient gratuitement, le tout en secret malgré les Lois pénales et l'occupation de l'Irlande, à l'époque où il était même interdit de posséder certaines graines.

Toutefois, les druides-médecins considéraient aussi la pomme comme un aliment banal mais sain, qu'il fallait consommer au même titre que le poisson, les bains de forêt ou la mer, ses algues et ses effets tonifiants à certaines époques de l'année. Ces pratiques étaient censées rétablir un équilibre sanitaire. La peau de la pomme contient toutefois bel et bien un élément médicinal invisible, la pruine, une couche cireuse qui protège le fruit et lui permet de grandir et de grossir sur l'arbre jusqu'à ce que les ciseaux hormonaux de l'acide abscissique en coupent la tige à l'automne.

Quand nous mangeons la peau, l'agent qu'elle contient se dissout dans le milieu acide de notre estomac et progresse jusqu'à l'intestin et sa flore, où il joue le rôle d'un émulsifiant important. Il permet au microbiote de faire son travail : transformer les aliments et nourrir les bactéries intestinales. Il apparaît aujourd'hui que la bonne santé intestinale est vitale pour la santé de l'individu, et elle peut être obtenue grâce à l'humble peau de la pomme.

Les pommes me fascinent depuis toute petite. Un jour, je jouais à cache-cache avec deux amies, Mary et Marjorie, dans leur grenier. Je suis sortie sur un appui de fenêtre — douze mètres au-dessus d'une cour pavée — et j'ai vu qu'il y avait un toit un peu plus bas. Je me suis prudemment glissée jusqu'à ce toit pour me cacher, et j'y ai découvert une grosse boîte en fer-blanc remplie de terre. Au beau milieu poussait une petite tige dépourvue de feuilles mais ornée de bourgeons. Elle m'a paru bien seule, sur cette étendue d'ardoises grises et froides. Plus tard, j'ai demandé à la mère de mes amies de quelle plante il s'agissait. Elle m'a répondu que c'était un petit pommier. Elle avait planté un pépin d'une pomme prélevée sur un arbre qui poussait sur la ferme de sa famille, dans la campagne irlandaise. Loin d'être seul, le petit arbre était l'objet de toutes les attentions d'une femme qui voulait cultiver un souvenir de son passé.

R

Ruis

Le sureau

Les Romains croyaient que les femmes celtes, notamment celles aux cheveux roux flamboyants et aux yeux verts lumineux, ne savaient tout bonnement pas se tenir. Elles ne roucoulaient pas comme leurs loyales épouses, leurs maîtresses ou leurs filles. Elles étaient honteusement savantes. Elles menaient même leurs hommes au combat ! D'après la rumeur, elles accouchaient en un clin d'œil, et bon nombre d'entre elles étaient belles, vraiment belles, un détail qui n'avait pas échappé aux envahisseurs romains.

L'une des sources de leur beauté était un arbuste — en réalité, plutôt un arbrisseau — qui poussait dans le sol humide et riche au bord des rivières et des ruisseaux, et qui se répandait par drageonnement. À la fin du printemps et parfois au début de l'été, des panicules de fleurs blanches apparaissaient, comme autant de crêpes en équilibre sur une aiguille. Puis, en un rien de temps, ces fleurs se transformaient en lourdes grappes de baies noir violacé. Le poids des fruits mûrs faisait ployer les branches presque jusqu'au sol. Les anciens Celtes l'avaient donc nommé *trom,* l'« arbre qui porte du poids ».

Ce petit arbre, c'est le sureau noir, *Sambucus nigra.* Il a une vingtaine de parents à travers le monde, jusque dans des régions semi-tropicales. Tous sont toxiques, certains bien plus que d'autres. Le sureau sert en cosmétique depuis des milliers d'années : en Égypte, les femmes l'appliquaient pour s'embellir.

L'un des secrets des beautés celtes résidait dans les délicates fleurs blanches et odorantes du sureau. Cet arbre contient une huile remarquable, du mucilage et des résines complexes qui se mêlent dans une lotion pour le visage utilisée depuis des temps immémoriaux. Celle-ci renforce et protège le réseau capillaire sous-cutané, qui fait ensuite mieux circuler le sang. Elle réduit efficacement les pattes d'oie, pour une peau plus lisse et rajeunie.

Par ailleurs, les anciens Celtes devaient travailler dur chaque jour et, en hiver, quand les jours étaient courts, le moindre rayon de soleil était précieux pour leur permettre de terminer leur labeur avant la nuit. Les baies de sureau cuites dans du porridge ou leur jus filtré contiennent un sucre complexe, la sambucine, qui aide l'œil à s'adapter à l'obscurité ; ces baies conféraient donc un avantage certain à qui les consommait. Elles sont encore utilisées aujourd'hui dans le traitement de la cécité crépusculaire.

Le problème du sureau, c'est que toutes ses parties sont toxiques, à l'exception des fleurs fraîches ou séchées, et des fruits cuits. Les fleurs, fraîches ou séchées, les fruits, les racines, les feuilles et l'écorce trouvaient un usage médicinal, de même que la moelle des branches. Autrefois, on ajoutait les fleurs de sureau à une tisane de menthe poivrée, boisson de choix contre le rhume. Les recettes celtes mêlant les différentes parties du sureau à d'autres herbes ont été perdues, mais on peut les reconstituer à l'aide de la biochimie moderne et des formes sauvages de cet arbre.

Les innovations guidées par la sagesse ancestrale pourraient bien se révéler cruciales pour notre avenir, notamment face à l'antibiorésistance. Chez les Iroquois, on frottait autrefois les nouveau-nés avec une lotion de fleurs de sureau, en évitant les yeux, les oreilles et le nez, puis on rinçait au lait maternel fraîchement exprimé : stérile par nature, il a aussi un effet régulateur sur la peau des bébés.

Et puis, il y a l'histoire du sureau comme espèce magique. Cherchez la magie, et vous trouverez presque toujours des propriétés médicinales. Les anciens croyaient que des esprits vivaient dans les replis du sureau, aussi n'en utilisaient-ils jamais dans les feux de joie de peur que les flammes brûlent les âmes des disparus.

Le sureau noir du monde celte, ou *ruis,* figurait en bonne place dans l'alphabet oghamique : il était associé à la lettre *R,* représentée par une ligne verticale barrée de cinq lignes inclinées vers la droite.

En tant que pupille de la culture des brehons, j'ai bénéficié du prestige considérable de la femme celte. On m'a aussi recommandé d'aimer et de respecter celle que je devenais, et de semer gentillesse et courage pour récolter l'adulte que je voulais devenir, afin que mon cœur garde son cap toute ma vie.

Les anciens versés dans les mœurs des Celtes m'ont appris le sens d'un mot spécial, *buíochas,* qui signifie quelque chose comme « tendre gratitude ». Le *buíochas* devrait être immense en chacun, comme un verre bien plein. Le *buíochas* est aussi une forme d'autoprotection. On devrait porter en son cœur de la gratitude pour tout ce qui est dans et hors de nos vies, et pour toutes les petites choses qui touchent notre conscience. Le sentiment de *buíochas* est comme un remède de l'âme, qui cimente votre vie. La vieille expression *buíochas le Dia,* « Dieu merci », rappelait à la famille humaine que la vie elle-même est le plus grand des dons et doit être chérie en soi et chez tous les autres.

S

Sailí

Le saule

Chaque foyer celte avait l'usage d'une oseraie, *an saileán.* L'osier, qui est le rejet annuel d'une pousse de saule, constituait un matériau très polyvalent grâce à la souplesse de ses brins, de quoi tresser des paniers et des corbeilles solides pour divers usages, selon la longueur du brin. En hiver, la tourbe était ramenée de la tourbière dans des paniers en osier à dos d'âne. Des brins d'osier plus fins servaient à balayer le sol.

Le saule produisait aussi un important remède contre la douleur, ainsi qu'une teinture vieux rose pour le lin et la laine. En cas de besoin, il servait de litière pour les animaux et permettait de faire des barrières pour le bétail. Grossièrement tressé, il protégeait les légumes.

La volaille profitait elle aussi du saule : on tressait de grands paniers de ponte à l'aide de brins d'osier verts, en veillant à confectionner un bord bien ferme qui servirait de marchepied à la poule. Le maillage lâche permettait aux plumes de respirer dans un espace clos et chaud pendant que l'animal pondait ou couvait. Cela diminuait la prévalence de la tique du poulet tout en donnant un sentiment de sécurité à la poule à un moment où elle était vulnérable.

Je me rappelle avoir regardé mon grand-oncle Denny tresser des paniers d'osier pour la maison. Sa pipe semblait bouger en rythme avec ses mains et l'air qu'il fredonnait, qui se muait parfois en un vieux chant irlandais. Il me disait : « *Cailín,* regarde bien comment je m'y prends. » Je m'approchais, au milieu des effluves de son tabac Virginia. Entre ses mains, le panier semblait monter comme par magie avec chaque brin supplémentaire tressé sur l'armature. Il s'occupait ensuite de la bordure, pliant et couchant les gros brins jusqu'à s'estimer satisfait. Je m'émerveillais qu'un objet si beau puisse naître de presque rien, juste quelques pousses de saule. Je sens encore l'odeur acide de l'osier qu'il tordait à la main. Il brandissait toujours bien haut le panier terminé, comme un trophée, l'agitant pour montrer son œuvre au monde, puis il cherchait son bloc de tabac dans sa poche. Il était le dernier d'une longue lignée de rebouteux. Nous n'avions ni l'un ni l'autre conscience à l'époque que les traditions étaient si fragiles.

Le saule faisait partie du paysage naturel dans l'Antiquité. Les plantes sauvages comme celle-là étaient taillées quand on en avait besoin. Les prélèvements ne dépassaient jamais le seuil de durabilité. La règle ancestrale quand on se servait dans les ressources communes du jardin tribal, comme chez les peuples autochtones d'Amérique du Nord, imposait qu'il en reste toujours assez pour sept générations.

Les druides-médecins, tant hommes que femmes, connaissaient l'intérêt du saule pour soulager la douleur. Il s'agissait d'un savoir répandu dans le monde antique. Les traitements, complexes, reposaient sur nombre de plantes vivaces qu'on trouvait en forêt et dans certains environnements boisés qui n'existent plus. La plupart de ces remèdes ont été perdus. Toutefois, l'utilisation du saule pour apaiser la douleur est répandue.

Les peuples de la forêt boréale font encore bon usage des diverses espèces de saules, de même que ceux qui vivent en altitude dans l'Himalaya occidental. Bon nombre de ces nations autochtones ont caché ce savoir afin de protéger les derniers trésors de leur mode de vie. Obtenir du saule un soulagement fiable et non toxique des douleurs liées aux rhumatismes, à l'arthrite et à l'arthrose demeure important pour les personnes âgées aujourd'hui.

Les trois cents espèces de saules à travers le monde synthétisent une famille d'une douzaine de composés biochimiques du nom de salicylates (des acides, des alcools et des esters). Tous sont libérés dans et autour de la plante pour absorption, et ce phénomène est la source d'une forme unique de bain de forêt pratiquée par certains peuples autochtones d'Amérique du Nord pour traiter la solitude et la dépression légère. Le patient est installé dans un bosquet de saules, de préférence à proximité d'une rivière. Au cours de la journée, les produits libérés par les saules sont absorbés à travers la peau et les poumons du patient, puis circulent dans tout son corps.

Les Celtes accordaient au saule, ou *crann sailí,* un statut sacré. Ils lui associaient la lettre *S* de l'alphabet oghamique, représentée par une ligne verticale d'où partent vers la droite quatre lignes horizontales.

Saileán était le nom donné aux oseraies qui poussaient près des rivières et des lacs. Les lois des brehons considéraient celles-ci comme des biens communaux, pour l'usage de tous. Quand un fermier coupait l'osier, un panier tressé apparaissait en général à la porte du voisin en guise de remerciement. Ces trocs et échanges rituels étaient attendus et, lorsqu'un panier arrivait ainsi, souvent rempli à ras bord de beurre d'été ou de pains cocotte, il était placé sur la table de la cuisine pour que tous l'admirent pendant au moins une journée.

T

Tinne

ᚈ

Le houx

Les Celtes portaient haut les couleurs de leur civilisation, le rouge et le vert. Ce dernier n'était pas la teinte pastorale de leurs petits champs, mais la bannière fière et hautaine de leurs forêts si précieuses et sacrées. Le rouge était l'écarlate du sang versé sur le champ de bataille ou s'écoulant de l'utérus aux menstruations et après l'accouchement, cette ligne liquide entre vie et mort, ombilicale par nature, et liée au dernier-né.

En tant que Celte, j'ai rencontré le houx. À Lisheens, j'occupais la chambre orientée à l'est au moment de Noël. Mon matelas, fait de paille d'orge fraîche, me paraissait un nuage recouvert de draps de lin blanc. C'était mon paradis crissant. Lorsque la nuit tombait et emplissait ma fenêtre d'étoiles, le rossignol perché dans le houx tout proche entamait son chant. La mélodie cessait au matin, et le houx retrouvait un silence saturé de soleil.

Mon houx était un vieil arbre, et je l'observais attentivement. Avec le printemps, le soleil montait plus haut, et les houx le remarquaient. L'arbre femelle se parait de fleurs blanches odorantes, et les mâles luisaient de pollen. Un été clément accouchait de grappes de baies cachées sous les feuilles persistantes, puis le soleil baissait à l'horizon, raccourcissant les jours, et le houx présentait ses baies rouges mûres pour la fête de *nollaig,* le solstice d'hiver, évincée par le monde chrétien au profit de Noël.

Le houx sacré aux yeux des Celtes était une espèce parmi quatre cents à travers le monde. Il s'agissait du houx commun, *Ilex aquifolium,* qu'on retrouve sur un territoire étonnamment vaste, dans toute l'Europe et jusqu'en Chine. D'autres espèces, comme celles d'Amérique du Nord et du Sud, perdent leurs feuilles pendant les mois d'hiver. Partout, le houx était recherché dans le passé pour ses usages médicinaux. Certaines de ces pratiques traditionnelles perdurent, comme la consommation de maté, la boisson favorite d'Amérique du Sud, aussi connue sous le nom de « thé des jésuites ».

Les druides-médecins préparaient une tisane de feuilles adultes aux épines terminales intactes qui servait de tonifiant. Elle avait aussi un léger effet diurétique, et on y avait recours pour calmer les fièvres dues à la bronchite ou pour traiter les rhumatismes.

Ces dernières années, des laboratoires ont percé les secrets du houx. Ses propriétés toniques semblent venir de sa capacité à protéger l'intégrité des capillaires du système vasculaire. Il améliore le mouvement et la dilatation des capillaires pour nourrir et oxygéner le corps. Un autre remède extraordinaire était extrait du bois de houx adulte. Le principe actif en est produit par un champignon qui s'installe dans les creux du bois et le synthétise afin de maintenir l'arbre en bonne santé. Il s'agit d'une piste de thérapie contre le cancer que les chercheurs explorent aujourd'hui.

Les druides appelaient leur houx sacré *tinne,* associé à la lettre *T* de l'alphabet oghamique, une ligne verticale dont partent vers la gauche trois lignes horizontales. Elle était gravée sur des baguettes en écorce de bouleau, puis sur des pierres qui ont résisté aux assauts du temps.

Le Noël celte met à l'honneur une tradition qui se perpétue depuis des milliers d'années. À la mi-décembre, on rassemble des branches de houx femelles sélectionnées pour leurs belles grappes de baies, et elles vont décorer le manteau de la cheminée. Du lierre y est parfois également accroché. Quand les fêtes prennent fin, le 6 janvier, avec Little Christmas — le « petit Noël » des Irlandais —, les rameaux de houx ont séché. Tout au long des fêtes, ils ont libéré leurs aérosols bénéfiques dans la maison sans que personne ne s'en rende compte. Sauf peut-être le houx lui-même…

U

Úr

La bruyère

La lande est un des souvenirs enfouis dans le sol de l'antique système forestier planétaire. La bruyère, ou *fraoch,* avec ses carillons de minuscules clochettes, pousse sur la lande au grand air et dans un sol bien drainé. Ce sol est un mélange de sable grossier et de tourbe, autre réminiscence du passé. Le sable vient de l'érosion rocheuse à l'ère glaciaire, et l'humus tourbeux de la générosité des arbres.

Les Celtes comprenaient ce paysage, riche d'oiseaux en vol et de gallinacés au sol. Papillons et insectes abondaient dans cet océan de fleurs qui s'étiraient jusqu'à se confondre avec l'horizon. Il y a bien longtemps, les druides ont nommé la lande *úr,* un terme qui désigne tout ce qui est frais, vert et se renouvelle, un terme qui en est venu à signifier libre et généreux. Car la lande est un lieu généreux pour tous, animaux et humains.

Le corps botanique de la lande consiste en un tapis de plantes très singulières, les bruyères, qui apprécient les sols acides comme du citron. Elles poussent au ras du sol et présentent le feuillage vert sombre des forêts. Elles commencent à fleurir alors que les jours raccourcissent. Le résultat, qui se décline du violet au rose tirant sur le mauve, envahit la lande en un merveilleux jaillissement de clochettes. La callune, *Calluna vulgaris,* est la plus commune, suivie de la bruyère cendrée, *Erica cinerea,* et de la bruyère des marais, *Erica tetralix,* et bien d'autres espèces se déploient sur les landes du monde.

Parfois, un mariage mixte se produit dans la famille des bruyères : par un tour de passe-passe génétique, une fleur blanche apparaît, presque aussi rare qu'une dent sur une poule. Toutes les bruyères sont censées porter bonheur mais, lorsqu'on reçoit une bruyère blanche en cadeau, c'est la chance que l'on reçoit en don, une occasion de transformer le cours de sa vie.

Je n'ai vu qu'une seule fois de la bruyère blanche au Canada. Je flânais dans un magasin d'antiquités à Spencerville, une petite bourgade de l'Ontario, quand j'ai repéré un livre fatigué, à la couverture de cuir défraîchie et déchirée. En l'ouvrant, j'ai découvert qu'il s'agissait d'une bible gaélique. À l'intérieur se trouvait une belle branche de bruyère blanche séchée et incrustée dans la page de garde, sans doute conservée par des générations d'enfants et de petits-enfants au sein de la même famille. Elle ne pouvait venir que des Highlands d'Écosse.

La diaspora écossaise et irlandaise connaissait le sens d'un tel rameau de bruyère. Dans leur pays d'origine, c'était comme un baromètre. Certains jours de grand beau, une brume produite par la bruyère s'élevait de la lande. Cette brume voilait les montagnes et les collines, de sorte que celles-ci paraissaient plus éloignées. Ce phénomène était toujours interprété comme un signe de beau temps à venir. Si, en revanche, les collines semblaient plus proches et mieux définies, on pouvait s'attendre à des averses. Pendant des milliers d'années, fermiers et pêcheurs du monde celte se sont reposés sur ces indications. Nous savons aujourd'hui que la brume de la bruyère est une vapeur d'aérosols d'arbutine et de méthylarbutine.

Les druides-médecins comprenaient les bienfaits médicinaux de la lande. Ils y prescrivaient de longues promenades quand la bruyère était en fleur, pour prendre l'air, une dernière étape dans le traitement des maladies respiratoires et la récupération de l'élasticité pulmonaire après une grippe ou une bronchite. En marchant, on écrase les feuilles et on libère des aérosols bénéfiques. Ceux-ci se dispersent dans l'atmosphère avant d'être inhalés, puis vont tapisser les poumons et les aider à guérir. Il s'agit d'une forme de bain atmosphérique qui profite au corps.

La biochimie médicale moderne entre en jeu pour fournir des réponses concernant la lande. Les clochettes de la famille des *Ericaceae,* dont les arbousiers d'Amérique du Nord, d'Europe et d'Asie, produisent un nectar à la base de l'ovaire. Ce nectar riche en sucre contient aussi de l'arbutine. Il s'agit d'un antibiotique, un composé chimique fondamental pour bon nombre de remèdes traditionnels d'Amérique du Nord et d'ailleurs. La forme méthylée de l'arbutine, un composé biochimique plus labile, y est aussi produite. Comme beaucoup d'autres principes actifs, l'arbutine peut se révéler toxique à haute dose, mais le facteur de dilution qu'impose la nature dans l'atmosphère crée les conditions nécessaires pour la guérison.

Les druides-médecins utilisaient aussi le miel de bruyère, un miel brun foncé, récolté dans des ruches dont les abeilles exploitaient la lande. Les bourdons sont les premiers à rendre visite aux clochettes de la bruyère. Ils s'attaquent aux pétales, où ils forent un trou minuscule près de la base de l'ovaire. Les abeilles mellifères prennent le relais, profitant du trou existant pour accéder à la marchandise. Elles la rapportent à la ruche, où elle est stockée dans des cellules séparées et réduite à un miel dense et très visqueux. C'est presque un solide, qui contient la totalité des résines également collectées sur la lande. Le miel de bruyère était utilisé seul comme remède au rhume et aux maux de gorge.

Dans un passé lointain, les druides ont contemplé leur paysage sacré, la lande, *úr.* C'était leur champ de liberté, *saoirse,* si précieuse dans la culture celte. Ils ont choisi l'*úr* pour la lettre *U* de l'alphabet oghamique, un nom synonyme de tout ce qui était cher au cœur celte.

Z

Straif

Le prunellier

L'homme au bâton de prunellier venait toujours parler de mariage. Il approchait lentement des fermes, comme si ses pensées lui pesaient. Il était à l'affût de certaines qualités, d'un comportement, de la robe luisante des veaux, du degré d'hospitalité imposé par les lois des brehons. Son regard parcourait les champs, et son expérience lui permettait de juger de la qualité de la terre. Car la terre était cruciale dans le monde celte.

Cet homme était le marieur, le *babhdóir.* Le premier marieur qui s'est présenté à la ferme de Lisheens quand j'étais enfant m'a prise au dépourvu. Il ressemblait à un grand ours blond, mais il avait le traditionnel bâton de prunellier. On m'a envoyée m'asseoir dans le salon. J'ai entendu qu'on haussait le ton. J'ai quitté le salon et je me suis approchée discrètement de la porte de la cuisine, où j'ai entendu réciter mon pedigree comme un poème. Ma tante Nellie a expliqué en termes très clairs au *babhdóir* qu'il n'était pas encore question de mariage pour moi. Je n'avais pas terminé ma tutelle brehonne. Je devais recevoir une instruction, et celle-ci devait être le plus approfondie possible. Je n'ai jamais revu ce *babhdóir* blond, et personne n'a jamais reparlé de cet après-midi ensoleillé où on a servi du thé noir dans des tasses en porcelaine sur une vieille nappe irlandaise à un homme qui portait le bâton de prunellier.

Bien sûr, en grandissant, garçons et filles songeaient au mariage. Une union se nouait parfois dans le sillage de l'amour, et parfois non. Néanmoins, il y avait toujours un arrangement préalable, car les liens entre familles étaient importants. Les deux parties devaient tomber d'accord. Des débats agitaient la communauté quant aux qualités respectives des futurs époux, et les deux familles en tenaient compte. On se rencontrait et on discutait de la dot.

On s'entendait sur la dot avant le mariage, et les négociations étaient toujours entre les mains du *babhdóir*. Les biens et les services inclus dans la dot correspondaient à la valeur des promis dans leur propre foyer. Il pouvait s'agir de terres, de bétail, d'argent ou d'autres biens. Une femme pouvait demander la main de celui qu'elle visait avec autant de panache qu'un homme.

Le marieur était toujours un homme en vue dans la communauté. On pouvait se fier à lui pour rester muet si nécessaire et s'abstenir de révéler des secrets de famille dans son rôle de *babhdóir*. Quand on le faisait entrer dans la cuisine, il posait son bâton de prunellier sur la table afin que la maisonnée comprenne bien le but de sa visite. Si on ignorait soigneusement le bâton, c'est que d'autres propositions étaient en cours d'examen, et il devait attendre son tour pour qu'on lui en parle. Parfois, les hôtes se saisissaient du bâton et le plaçaient contre le mur, sous-entendant que le sujet du mariage les intéressait, et chacun profitait de la visite, comme de coutume.

Les Celtes voyaient le mariage comme un contrat qui contribuait à protéger la terre, l'élément central de la communauté. On prenait très au sérieux les liens conjugaux, car la parenté, *gaol*, impliquait des obligations pour les deux familles. Les mariages cimentaient la communauté en tissant un motif familial de soutien dans les lois de l'hospitalité. Bien sûr, il était toujours possible de divorcer si cela se révélait nécessaire.

Le marieur devait également prendre en compte la question délicate des lignées généalogiques, ou *pór*. Obsédés par l'élevage et les croisements, aussi bien de plantes que de bétail, de chiens ou de chevaux, les Celtes combinaient avec le plus grand soin les traits de caractère familiaux. Intelligence, zèle, capacité de travail, talents manuels, mémoire, dons oratoires et capacités logiques sous la forme d'énigmes étaient bien placés dans les lignées familiales respectives. On veillait à entretenir et à protéger les grandes figures de la civilisation, notamment pour la littérature, la poésie, la musique et les arts.

Le bâton du marieur était taillé dans le bois d'un arbuste épineux réputé magique, le prunellier, *Prunus spinosa,* qui est la source des bâtons traditionnels, dits *shillelaghs,* du vieil irlandais *sailéille,* « gourdin ». Ces bâtons servaient aux gardiens de troupeau comme aux marieurs, et même à la cour du roi en tant qu'instrument pour battre le rythme. Le mélange de son timbre grave avec le cliquetis des os et le tambour qu'est le *bodhrán* demeure caractéristique de la musique irlandaise authentique.

Le prunellier doit trouver du calcium dans le sol pour produire ses prunelles noires, qui restent sur l'arbre jusqu'en novembre. À ce moment-là, les nuits fraîches et les premières gelées modifient la teneur en sucre des fruits, de quoi nourrir le marcheur qui les cueille dans les haies. Les levures à la surface des fruits se multiplient également, et le vin produit ensuite par fermentation passait de maison en maison, apprécié de tous. On en tirait aussi une variante de gin.

Le petit prunellier était un arbre sacré, magique, associé à la lettre *Z* dans l'alphabet oghamique. Les Celtes l'appelaient *straif,* du fait de son apparence hirsute et désordonnée. Il est symbolisé par une ligne verticale barrée de quatre lignes parallèles inclinées vers la droite.

Les druides qui pratiquaient la magie aimaient beaucoup cet arbre. Ils se servaient de son bâton comme d'une baguette d'autorité dans la pratique de leur art.

Remerciements

Je tiens à remercier les nombreuses personnes croisées dans ma vie qui ont rendu possible la rédaction de ce livre. Dans la vallée de Lisheens, elles ont toutes disparu, mais je garde dans mon cœur une immense reconnaissance pour ce qu'elles m'ont apporté.

Mon principal réviseur, Evan Rosser, a prêté une oreille attentive aux nombreux traumatismes de mon enfance et réussi à en tirer quelque chose. Qu'il en soit remercié. Mon éditrice, Anne Collins, a veillé sur une tapisserie éditoriale de mots qui tissaient la science au cœur des phrases. Stuart Bernstein, mon agent, est toujours là pour me conseiller, discuter et me protéger — tu te rappelles ce policier ?

Lynn et Nancy Wortman ont fourni le thé et joué les dactylographes dans un havre de rires. Tilman Lewis est un correcteur impressionnant. Quant à Lisa Jager, conceptrice graphique de ce volume, qu'elle reçoive ma profonde gratitude.

L'amour et la confiance de mes enfants, Erika et Terry, m'inspirent. Enfin, je veux par-dessus tout remercier mon mari, Christian H. Kroeger, pour son soutien indéfectible.

Table des matières

Tana S'ENGAGE

TANA est un éditeur qui s'engage pour la préservation de l'environnement et qui utilise du papier issu de forêts gérées durablement.

Ce livre a été imprimé en France par un imprimeur certifié Imprim'Vert® avec des encres végétales. La couverture ne comprend pas de pelliculage contenant du plastique.

Direction éditoriale : Suyapa Hammje
Édition : Chloé Chauveau, Émeline Martin
Mise en pages : Nord Compo
Couverture : © David Cosson – Dazibaocom
Fabrication : Camille Friquet

Titre original : *To Speak for the Trees*

92, avenue de France
75013 Paris

ISBN : 979-10-301-0474-5
Dépôt légal : avril 2023
Imprimé en France en mars 2023 par Normandie Roto Impression s.a.s. (2300856)

Rejoignez-nous sur :
www.tana.fr

#lisez! engagé
Pour plus d'information :
www.lisez.com
Imprimé sur du papier issu de forêts gérées durablement.